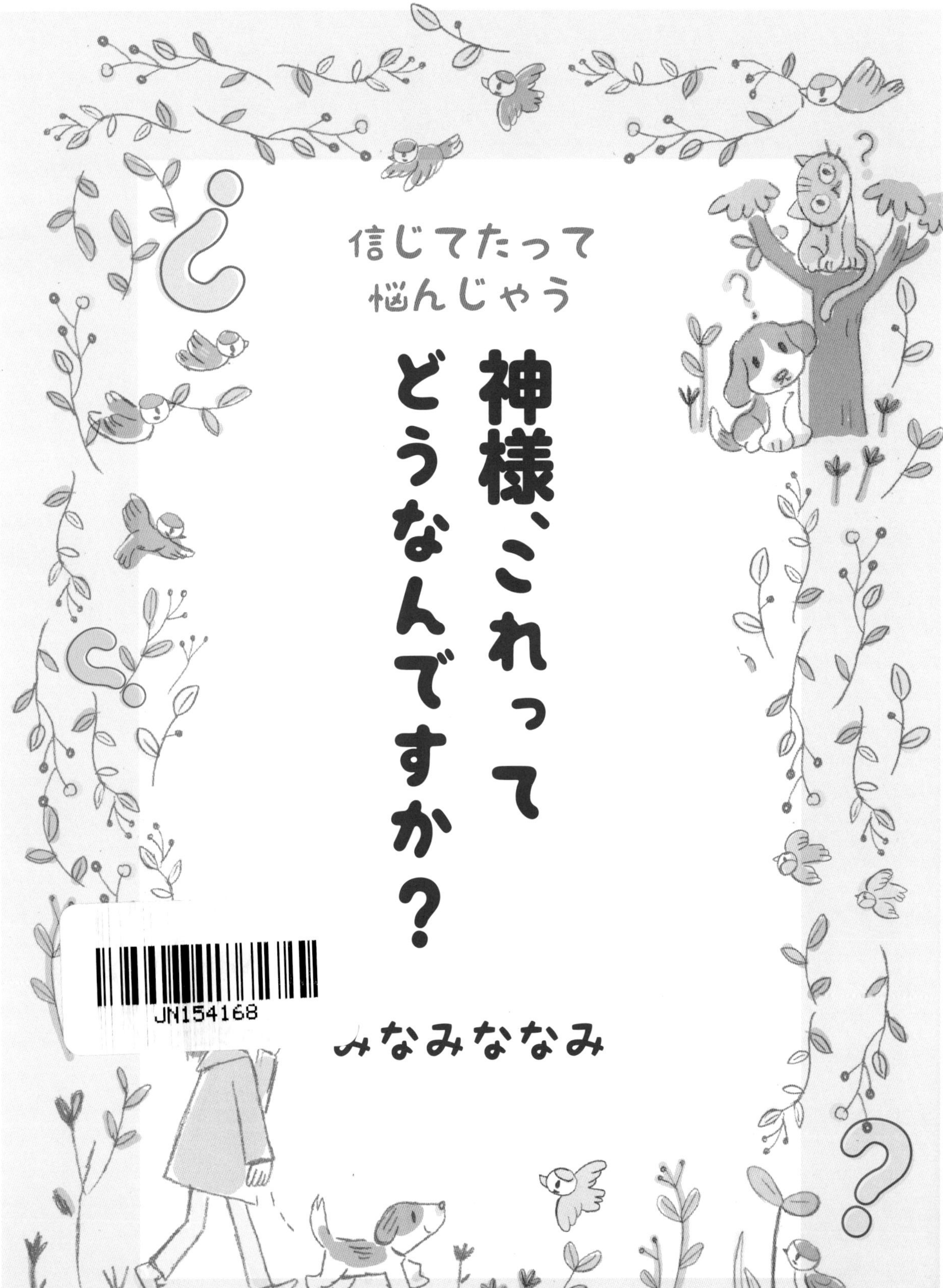

信じてたって
悩んじゃう

神様、これってどうなんですか？

みなみななみ

Forest Books

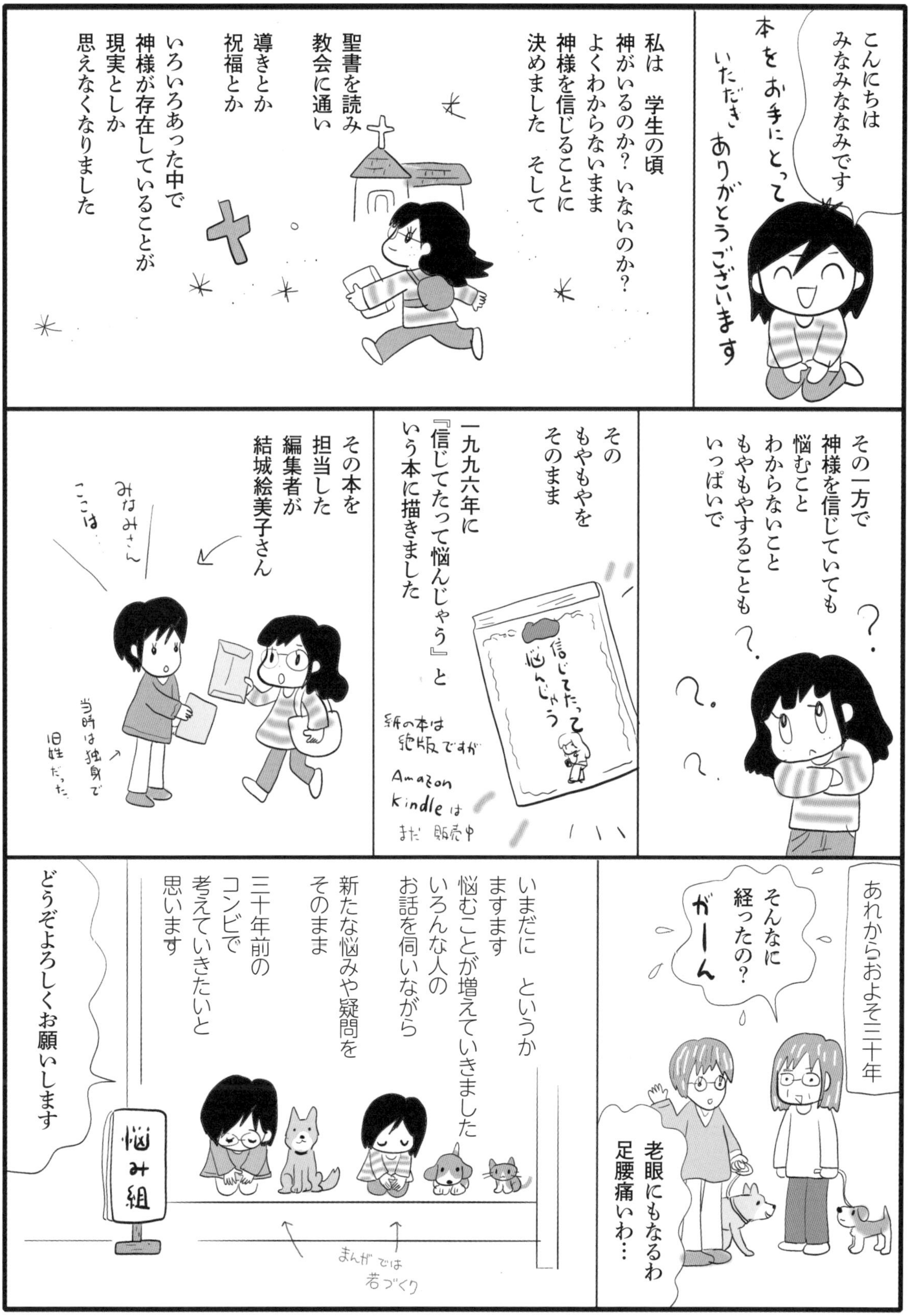
こんにちは
みなみななみです
本をお手にとって
いただき ありがとうございます
私は 学生の頃
神がいるのか？ いないのか？
よくわからないまま
神様を信じることに
決めました そして
聖書を読み
教会に通い
導きとか
祝福とか
いろいろあった中で
神様が存在していることが
現実としか
思えなくなりました
その一方で
神様を信じていても
悩むこと
わからないこと
もやもやすることも
いっぱいで
その
もやもやを
そのまま
一九九六年に
『信じてたって悩んじゃう』と
いう本に描きました
信じてたって悩んじゃう
紙の本は絶版ですが
Amazon kindleは
まだ販売中
その本を
担当した
編集者が
結城絵美子さん
みなみさん
ここは…
当時は独身で
旧姓だった
あれからおよそ三十年
そんなに
経ったの？
がーん
老眼にもなるわ
足腰痛いわ…
いまだに というか
ますます
悩むことが増えていきました
いろんな人の
お話を伺いながら
新たな悩みや疑問を
そのまま
三十年前の
コンビで
考えていきたいと
思います
どうぞよろしくお願いします
悩み組
まんがでは
若づくり

目　次

第一部　命について考えてみた

フランケンシュタイン博士
人間が人間を作ることはできない
ひえー
SFの中だって うまくいってない…
人間を作るどころか
無機物から生命《いのち》を作るのに成功した学者もいない
安土桃山時代から生きて488才じゃよ
んなわけない。
どんなに長生きしたって命あるものはやがてみな死ぬ
思うとおりにはならない命
だけど こんな小さな花でも命の輝きを持っている

神様、これってどうなんですか？

命って誰のもの？ 1

○夫妻の場合

五か月前に
赤ちゃんを授かり
ずっと順調だと思っていた
けれど定期検診に
行った時
主治医のことばに耳を疑った
胎児が生きて生まれることはまずないので
二十二週になる前に夫婦で決断してください
決断…
それは人工中絶を意味した
日本では二十一週までなら母体保護法が人工中絶を許しています
医師の口調は、それしかないというように聞こえた
検診でわかったのは
羊水がない！すでに破水してる
ということで医師の説明によれば…
妊娠十六週で破水し羊水のない状態が続くのは胎児にとって致命的
胎児は羊水を飲むことで肺を発達させる
羊水
羊水がない環境では肺が発達しないため生まれても肺呼吸できず　すぐに死んでしまうだろう

また、他に起こりうる問題としては子宮に胎児の体が押しつけられ体や顔が変形する
臍帯《さいたい》（へその緒）が押しつぶされ栄養が届かず胎児が死ぬ
脳内出血による障がい
細菌感染の可能性
最悪の場合子宮を摘出など…
主治医の説明に思考停止に陥り
何も考えられずなんとか教会にたどりついた
牧師に医師の話を伝えた
決断してと言われても
赤ちゃんの命を自分たちの決断で短くするなんて…
かといって生まれたとたん息ができずにすぐに死んでしまう赤ちゃんを産むほうが残酷なのでは…
赤ちゃんは今生きているんでしょう?
命は神様のものだよ
その時緊張が解けて涙があふれた
「命は神様のもの」

この本では、聖書の価値観を実際の生活、人生に当てはめようとするときに生まれる葛藤に焦点を当て、たとえそれに対する明確な答えが出なくても、少なくともクリスチャンとしてするべきこととするべきでないことは何なのか、どのような方向性で考え続けていくべきなのかということを探っていきたいと思っています。

命に関する前提

まず最初の漫画では「命とは誰のものなのか」という問題提起をします。聖書の価値観から言えば、「命は、それを造られた神のもの」という答えを導き出すことは、そう難しくないでしょう。胎児についても、「あなた（神）こそ　私の内臓を造り／母の胎の内で私を組み立てられた方」（詩篇139・13）、「あなたの目は胎児の私を見られ／あなたの書物にすべてが記されました。／私のために作られた日々が／しかも　その一日もないうちに」（同16節）などの記述から、神の御手《みて》の中にあるもの、と考えることができます。

一方、聖書の価値観に立っていない人の考え方は、人によってさまざまでしょうが、「命とは、自分のもの。胎児は、それを宿している母のもの」という考え方、感じ方も多いように思います。

また、「命とは、いつからが命なのか」という考え方も、人によって分かれます。前掲の聖書の箇所からは、まだ生まれる前の胎児もすでに一つの命であり、神の関心と愛情を浴びている存在であることがわかります。

一方、母胎にいるうちはそれはまだ一人の人ではなく、中絶するもしないも母に選択の権利がある、と考える人

神様、これってどうなんですか？

命って誰のもの？ 1

たちもいます。もちろんこれは妊娠二十一週までのことで、それ以降の中絶はできません（母体の生命が危険な場合は二十二週以降でも医療行為として妊娠を中断させることがあります）。しかし「命は神のもの」と考える人たちはおおむね、「受精の瞬間から、それは命である」と考えます。

また、現在の日本では、妊娠中の女性が事故や事件で亡くなると、たとえ臨月であったとしても胎児は命として数えられず、「被害者は一人」とされます。その一方で、中絶を考えていた人が、病院のエコー検査で胎児の姿を見たり心音を聞いたり、あるいは胎動を感じた時に、胎児は自分とは別の一つの命だということを実感し、中絶できなくなったというケースも少なくありません。

この「命は神のものであり、人にどうこうする権利はない」という聖書に基づいた考え方を「プロ・ライフ」と言い、この立場に立つ人たちは、「人は母の胎にいるうちから、すでに母とは別人格の一人の人だ」と考えます。他方、「中絶は妊婦の体についてのことだから、妊婦に権利がある」という考え方を「プロ・チョイス」と言います。

聖書の時代には中絶の技術がなかったので「中絶してはならない」という律法はありませんが、プロ・ライフの価値観に立つ人たちは、「殺してはならない」という十戒の教えを胎児にも適用します。

しかし、一口に「中絶」と言っても、それを取り巻く状況や理由にはさまざまなものがあります。O夫妻の場合は、ある日の検診で突然、胎児が無事に育つ可能性は極めて低く、人工中絶をしたほうがいいと医師に勧められ

ました。もし生まれてきたとしても、その後、生きていける可能性が極めて低いケースだったので、医師の勧告ももっともなものだったと言えるかもしれません。

事実〇夫妻も、医師の説明を受けた時には、もう子どもの命は百パーセント助からないのだと思い、心は揺れたそうです。それでも中絶を選ばなかったのは、牧師に「赤ちゃんは今、生きているんでしょう？　命は神様のものだよ」と言われた時、そのことばにうなずくことができたからでした。

聖書の原則を現代の科学技術に当てはめるには

「生命倫理」ということばでくくられる命にまつわるさまざまな問題がありますが、そのすべては、「命は誰のものか」という前提によって方向性が大きく変わっていきます。悩ましいことに、現代の科学技術は、人の命に関しても相当なことができるようになっています。

たとえば、出生前診断で、胎児に障がいや特定の病気があるかどうかを調べることができるようになりました。では、障がいなどがあるとわかった場合、障がい児を産むことを避けるために中絶することは問題でしょうか？

不妊治療や生殖技術も発達し、実際に出産する以上の数の受精卵を作ることができますし、受精卵の遺伝子操作をすることで、親が望む髪の色や目の色、知力、体力をもつ子どもが生まれてくるようにすることもできます。これらの技術をどこまでも駆使して自分の都合や好みに合わせて子どもを「作る」ことに問題はあるでしょうか？

あるいは、病気治療のために骨髄などの移植が必要な子どもがいて、親が白血球などの型が合わないために移植ができない場合、遺伝子検査をして型が合う受精卵を選んで妊娠・出産し、ドナーにするということも実際に行われ、そのようにして生まれてきた子どもたちは「救世主きょうだい」と呼ばれています。これは、科学の発達によって命が救われるようになったと、ただ喜ぶべきことなのでしょうか。それとも、「救世主」となったきょうだいの命を「スペア部品」のように扱っていると憂慮すべきことなのでしょうか。

こうしなければ助からないという命があって、そうすることのできる技術がある場合、それをすることがいいのか悪いのかは本当に複雑で、果たして唯一の正解があるのだろうか、と思えてしまうこともあります。

聖書が書かれた時代には、出生前診断も不妊治療も臓器移植もありませんでした。ですから現代のクリスチャンはこうした問題について直接の答えを聖書から得ることはできません。それに関連するみことばや、聖書全体を貫くメッセージを手がかりに、祈りつつ、わからないことはわからないままに、考え続けなければなりません。

あらかじめお断りしておきたいのですが、本書の執筆者・みなみなみも編集者である私も、これらすべての問題に対する明確な答えはもっていません。これから読者のみなさんと一緒に、「神様、これってどうなんですか？」と聞いていきたいと思います。

（結城絵美子）

神様、これってどうなんですか？

命って誰のもの？ 2

ポリ

○夫妻の場合

このおなかの命は神様に愛されている
与えたのも取るのも神様 この命を愛している神様におまかせすればいい
やっと そう思えた
私が隠れた所で造られ地の深い所で織り上げられたとき私の骨組みはあなたに隠れてはいませんでした。あなたの目は胎児の私を見られあなたの書物にすべてが記されました。私のために作られた日々がしかも その一日もないうちに。（詩篇139・15～16）
この子の命がどんなに短くても神様はこの子によくしてくださる
このおなかの命が続く限り短い間かもしれないけれど親として一生懸命愛してあげよう
その後、出血があり入院、安静の中でも出血が続いた
赤ちゃんだけでなく自分も死んでしまうのでは
私の命も赤ちゃんの命も御手《みて》にゆだねよう
入院してしばらくすると、羊水が流出し始めた
多くの人の祈りに支えられたが
羊水が溜まる気配は一向になかった
羊水が出ていても貯留しなければ赤ちゃんは助かりません
二十二週になる前に中絶を決断すべきです
主治医はさらに中絶を勧めたけれど

自分たちの意思で子の命を縮めることはできません
わかりました
ただし母体が危険になった場合は中絶します
週に一度診に来る周産期専門医にも応援はされなかった
え？　中絶しない？
ぼくには理解できない
火葬…
死産した胎児…（妊娠12週以降）は…流産や死産した子を火葬しなければならない
火葬した時にせめて少しでも骨が残るように
カルシウムを取ろう…
小魚を食べたり
ポリポリ
ポリポリ
やるせない気持ちだったけれども
たくさんの涙と祈りの中
赤ちゃんが助かったときのためにＮＩＣＵ（新生児集中治療管理室）のある病院へ転院したいと願っていてようやく二十六週目、転院できたそのほんの数日後
予定日より数か月早く出産
出生直後は自発呼吸もお乳を吸うこともできなかったがＮＩＣＵでの治療により
四か月後無事に退院
元気に成長している息子を見て神様に感謝している
「命は神様のもの」その思いは今も変わらない

中絶に関する法律の移り変わり

実は日本には「堕胎罪」というものがあり、人工妊娠中絶は、刑罰の対象となっています。しかし、この事実がほとんど意識されていないのは、実際には適用されることが、まず、ないからでしょう。

では、なぜ堕胎罪が適用されないのかというと、「母体保護法」というものがあって、その中に中絶を合法とする二つの条件が記されているからです。それは、「一、身体的、経済的理由により、妊娠・出産が母体の健康を著しく害する恐れがある場合」、「二、強姦《ごうかん》によって妊娠した場合」の二つです。

母体保護法の前身は「優生保護法」と言って、一九四八年にこの法律が制定されるまでは、中絶は違法でした。優生保護法の制定には二つの目的があって、一つは現在の母体保護法と同じく、母体の命と健康を守るためですが、もう一つは「優生上の見地から不良な子孫の出生を防止する」というもので、病気や障がいをもっている可能性が高い胎児を中絶するためのものだったのです。この、「障がい者は生まれてくるべきではない」という考え方に問題があるとされ、優生保護法が母体保護法に改正されたのが一九九六年のことです。

現在の母体保護法に関しても、「胎児に、現代の医療では治すことができず、致死的と認められる疾患がある可能性が高い場合」という第三の条項（胎児条項）を入れようという動きもありますが、現在のところ、この条項は含まれていません。

神様、これってどうなんですか？

命って誰のもの？ 2

Ｏさんのケースの場合、生まれてくる子どもが生きていけない可能性が高いとしても、実はそれだけでは中絶を合法とする要件は満たせませんでした。Ｏさんの主治医が、「母体が危険になった場合は中絶します」と言っていますが、そうなって初めて、母体保護法が認める中絶に当てはまることになります。

ただ、この「経済的、あるいは身体的に母体の健康を害する」という条文は、いくらでも好きなように拡大解釈ができるというのが現実で、実際には、どんな理由であろうと、ここに当てはめられています。そもそもこの条項に事実が合致しているかどうかを審査するシステムなどありません。そういうわけで、日本の堕胎罪は、あってなきがごとしの法律なのです。

人間に手出しできない領域があると信じて

Ｏ夫妻の場合は、医師が中絶を勧めるほどの深刻な医学的理由がありました。それでも敢《あ》えて中絶という選択肢を選ばなかったのは、前回にも述べたように、「命は神様のもの。人がそれを終わらせることはできない」という信仰のゆえであり、必ずしも、「神様が絶対に胎児を助けてくださるに違いない」と確信していたからではありませんでした。

もちろん、そうなることを願い、本人たちも周囲も熱心にそのことを祈り求めていましたが、医師から「生きのびることは、まずありえない」と言われたＯさんは、死産した後の手続きについてネットで検索をしたり、火葬した時に胎児の骨が少しでも残るように小魚を食べたり、と、死産も覚悟のうえでの決断でした。

そして結果的にはその胎児は早産ながらちゃんと生まれてきて、しばらくはNICUに留まりましたが、現在は何の障がいも後遺症もなく、元気な中学生になっています。医師のいう「確率」に耳を傾け、勧めに従って中絶していたなら、生まれてくることのなかったかけがえのない命です。「命は神様のもので人には手出しができず、計り知れない領域がある」という夫妻の信仰は、このケースの場合、こういうかたちで現実のものとなりました。

また、母体保護法が中絶を認める二つ目の条項、「強姦によって妊娠した場合」ですが、これもまた、誰もが「中絶をするのもやむを得ない」と考えるケースかもしれません。しかしこのような場合でも、O夫妻同様、「どんなかたちで宿った命であれ、宿った以上は神様のもの。自分の手で殺すことはできない」という信仰によって、出産をするクリスチャンもいます。

みななみさんが留学していたアメリカの大学のある教授のお姉さんがまさにそういう方でした。その教授がお姉さんの気持ちに配慮して、「子どもが生まれたら私たち夫婦が引き取って育てる」と申し出たそうですが、お姉さんは、自分たち夫婦の子としてその子を育て、後に「この子がいない人生なんて考えられない」と言うくらい愛したそうです。

一方、中には「育てることまではできないが、殺すことはできない」と、出産後に養子に出す方もいれば、その子の出自を知りながら、一つの尊い命として愛するために養子にする方もいます。

いずれも、どんな命も神様のものであるという前提に立った考え方で、クリスチャンとしては、その決意に尊敬の念を抱くのは自然なことと言えるでしょう。しかし、現実にはさまざまな状況があり、すべての人が理想どおりの行動を取れるわけではありません。

たとえば、子どもを育てることが絶対に無理な環境の中でレイプをされ、周囲に協力者もいない場合にはどうしたらいいのでしょうか。あるいは、たとえその人自身の無計画さや不適切な行動が原因で妊娠したのだとしても、生んで育てることができないと悩んでいる人がいるとしたら、私たちはどういう態度を取るべきでしょうか。

「あなたの間違った行動が原因なのだから、その責任は自分で取りなさい」と言うのが正しいでしょうか？　でも私たちはみな、自分自身、神様にそう言われたらにっちもさっちもいかない存在ではないでしょうか？

あるいは、「聖書によれば、こうすることが正しい。だからこうするべきだ」と伝え、そうできない人をさばくだけなら、それはイエスに「人々には負いきれない荷物を負わせるが、自分は、その荷物に指一本触れようとはしない」（ルカ11・46）と批判された律法の専門家たちと同じことをしていることになるのではないでしょうか？

そこで次回は、望まない妊娠をした人たちをサポートするある団体の働きに注目してみたいと思います。

（結城絵美子）

神様、これってどうなんですか？

命に寄り添う

NPO ライフバトン

望んでいない突然の妊娠。
とまどったり、
怖かったりするよね。
まずはひと呼吸。
誰かに相談したかったら、
私たちがいます。
一人で悩まないでね。
そうSNSで発信している NPOライフバトン 頼る人のいない 妊婦さんに寄り添い 時には住居も提供し 養子縁組という選択肢も 含めて話し 命を つなげる働きをしている
スタッフのみなさん
「最も小さい者たちの一人に したことは、わたしにしたの です」というイエス様の みことばにあるように
私の場合は 本当に 小さな命に 寄り添うことが 神様に従うことだと 思っています
代表の高井群《ぐん》さん
相談の連絡がきて まず応対するのが
妊娠検査薬は？
何週目？
病院には？
助産師として 長年の経験をもつ 工藤登志子さん
「神様が与えた命」とか 説得するのですか
みなみ
いいえ そういう話より
まず 丁寧に 傾聴します 最初はメールや 電話だけの細いつながりから 始まることも多いので それを切らないように… 信頼が大切です
「そんな身勝手な」とか 思ったことないですか？
私だったら 「傾聴」なんて できないかも… 怒っちゃいそうで
編集者Y
いえ、私たちみんな 不完全ですから… 傷のない者は ひとりもいません そのためにイエス様が 来てくださった
そこに いつも戻ります
そして 最後に産むかどうかの 決断はご本人が なさることで
…強制は できません

「決断は本人」と言っても両親　祖父母環境などが大きく関わりますし若く　知識や情報も少ないとなかなか前向きに考えられません
Aさんは
切迫した気持ちで医者に行ったその日
どうしよう
妊娠週数が進むと中絶費用は上がり身体への負担も大きい…
Aさんは　週数がもう進んでいるので○日までに考えてきてね産むか産まないか…
そう言われても
自分で育てられるかもわからないのに…
誰にも相談できなくて
ライフバトンに電話してきた
相談にきた方々の本音の本音を聞いたらほとんどの人が産みたいと言っていました
…だけど…できれば…
私たちはこの命を助けたいと願い揺れる気持ちに寄り添い具体的に助けになる情報をお伝えし
行政の支援…
特別養子縁組…
涙と共に祈り夜遅くまで会話を続けた…
閉ざされていた思いと状況が少しずつ開かれAさんは産む決断をした
設立からこの一年半の間に五つの小さな命を神様がつないでくださいました
神様はその命に対して計画をもっていらっしゃいます　だから　最後の一ミリまでも私たちは　諦めません
神様は赤ちゃんの命だけでなくお母さんの命の輝きも大切にされているその輝きに触れた時神様の栄光を見たように思うのです

神様、これってどうなんですか？

命に寄り添う

私の身近にいた人が何人か、中絶をしている。予期せぬ妊娠で、産んでも育てられないと打ち明けてくれた。そのうち一人はクリスチャンだった。当時私は彼女たちを助けられる具体的な案を一つももたないまま「命は神様のもの」だから「中絶はしないでほしい」と話した。けれども、全員が中絶の道を選んだ。自分が何もできないのに、口先で「正解」だけ訴えるのはもうやめようと、肝に銘じた。

だから、ライフバトンのスタッフさんたちのように、丁寧にその不安に寄り添い、具体的な支援策をいくつも提供しながら、妊産婦さんたちを応援する働きには本当に頭が下がる。

ここで少し一般的な話をすると、二〇二三年、国内で初めて経口妊娠中絶薬が認可されたことがニュースになった。これまで妊娠中絶の技術が欧米に比べて三十年遅れていると言われていた日本で、ようやく、母体の負担が少ない中絶方法が選択肢に加えられるということで、女性の権利のために運動してきた人々にとっては朗報だ。

性と生殖に関する健康と権利（Sexual and Reproductive Health and Rights）は、その頭文字を取ってSRHRと呼ばれ、内容は次のようなものだ。「すべての人が、出産する子どもの人数、間隔、時期を、自由に責任をもって決断することができる権利、そのための情報と手段をもつ権利、できうる限り最高水準の性と生殖の健康を手に入れる権利、差別と強制と暴力を受けることなく生殖に関する決定をする権利」

産む、産まないを女性自身が決める権利に関して言えば、日本ではそれが侵害されてきた一つの例として、国が「この人には妊娠、出産を許さない」と決めていた時代がついこの間まであった。優生保護法という一九四八年から一九九六年まで存在した法律で、本人の意思とは関係なく、ハンセン病患者や障がい者に強制不妊手術、人工妊娠中絶を行っていたのだ。

一方で、一九四八年以前は、富国強兵のために女性は子どもを産むべきで、中絶は違法とされていた。そんな歴史を思えば、女性が妊娠出産の決断について、自分で決める権利は、失ってはならない大切なもの。

アメリカでは選挙のたびに「プロ・ライフ」か「プロ・チョイス」かが争点になる。キリスト教保守派は胎児の命は神様のものだから「プロ・ライフ」を訴えるが、「プロ・チョイス」派は女性の権利を訴える。宗教者が少ない日本では、こんな論争はあまり聞かない。むしろジェンダーギャップ指数が世界百二十五位（二〇二三年）の日本で、なんとかちょっとでもマシにできるように、女性たちが頑張っている最中なのだ。

「中絶反対」？　え？　今だって充分じゃないのに、さらに女性の選択肢を狭めたいんですか？　「中絶」が罪とされた国で闇医者による不適切な処置で命を落とした女性が多かった時代に逆戻りしたいんですか？

そんなわけないだろ、と自分の頭の中で、声がする。

かといって私には「プロ・チョイス」に賛成することもできない。

ライフバトンを取材した時に、代表の高井さんは次のように「プロ・グレイス」ということばを語られた。

「『プロ・ライフ』vs『プロ・チョイス』というと二つに分断されてしまいますが、私たちは神様の恵みに賛成するという意味で『プロ・グレイス』と考えています。

　思いがけない妊娠は実際、男の身勝手が理由であることが多いですから、『女性を守る』ということはすごくいいことだと思うのです。それを『プロ・チョイス』と言えるかもしれません。ただ、そこから一点抜け落ちてしまっているのは、神様から授かった命という視点で、赤ちゃんの声を代弁できる人がなかなかいないこと。この命は授かったものだということは、女性たちも潜在的にわかっていることが多いです。そういった点を考慮すれば、おなかの命を大切にすることが、お母さんを大切にすることにつながります」

　逆に、胎児を生かせなかったことで、心に深い傷と罪責感を抱えている女性たちもいる。ライフバトンでは、そのような過去の中絶による継続的な悲しみや、罪意識を感じる女性のためのグリーフケア・カウンセリングも行われている。カナダで専門の訓練を受けたスタッフ・田中康子さんは、「ライフバトンには、中絶を経験されている方で本当に心が折れて、どうしたらいいのかわからないという方が相談に来られます。みなさんほぼ百パーセント何らかの供養をしていました。日本だと水子供養になってしまうのですが。抱えている痛みが、自分の罪責感だけではなく、胎児も実は命だったんじゃないかと気づいているが故のものなのです。そこで、『本当に天地創造の神様がいるならば、天に希望があります』と、天国の話もします。その中で霊的な世界に目が開かれる方もいます。

　子どもに手紙を書いたり、再会の期待をもって最後のメモリアルも行い、次の命につないでいきます。

　中には五十年前の中絶をずっと悲しんでこられて、ようやくここにたどり着いた方もいます。カウンセリングを何回も行う中で、罪責感と悲しみから解放され、今後は同じような苦しみの中にいる方を助けたいと言ってくださる方や、神様の恵みに触れ、教会に通われている方もいます」と語られた。

　おなかの中の小さな命も、そしてその命を宿す女性の命も、神様に造られ、神様の恵みによって支えられていることを思った。最後に高井さんは次の聖句を引用して、こう言われた。

「『あなたの目は胎児の私を見られ／あなたの書物にすべてが記されました。／私のために作られた日々が／しかも　その一日もないうちに』（詩篇139・16）。このみことばにあるように、神様が造られたお母さんもその胎の子も同じように恵みの中に、一人ひとりが生かされていると思います。だから、私たちは、恵みに賛成するプロ・グレイス派という思いでいます」

　プロ・グレイス。これからは私も恵みに賛成していきたい、そう思った。

（みなみななみ）

神様、これってどうなんですか？

命を救うため、どこまで許されるの？

『私の中のあなた』を読んで医療と倫理を考える

命って？ 医療って？ 人間にどこまで許される？
神様はどう思っているの？
my sister's keeper
『私の中のあなた』(My Sister's Keeper) ジョディ・ピコー著 を読み それが原作となっている映画※1も見た
私の中のあなた
イラストは映画のキャライメージで…
治らない血液の病気にかかった幼い娘ケイト
命を助ける唯一の方法は適合するドナーからの幹細胞などの移植
ケイトの命を救うため適合遺伝子をもつ子を体外受精で妊娠する母
そして生まれた妹がアナ
アナは 小さな頃から臍帯血《さいたい》 白血球 骨髄 リンパ球など何度も姉に提供し続け
……
そのかいあってケイトは一時はよくなるが
やがて病状は悪化 助かるためには腎臓移植しかなく アナの腎臓をケイトに移植することを親は望む
中学生のアナは弁護士を立て
私は腎臓を提供したくない 両親を訴える
原作ではケイトの家族やその周辺の人々の心情が丁寧に描かれる
毎日献身的に看病し なんとかしてケイトを助けたい母親
家族の幸せを願う父親

※1 映画「私の中のあなた」 製作年：2009年 製作国：アメリカ 監督・脚本：ニック・カサヴェテス 配給：ギャガ・コミュニケーションズ
日本語訳の書籍 『私の中のあなた』 ジョディ・ピコー 著 川副 智子 訳 早川書房

※2 朝日新聞 GLOBE+「救世主きょうだい」として生まれた弟、難病の兄を救う「子は部品ではない」の批判も
https://globe.asahi.com/article/11581685

参考「救いの弟妹」か「スペア部品」か －「ドナー・ベビー」の倫理学的考察－大阪大学大学院医学系研究科准教授 霜田 求

大事な人には
元気になってほしい
癒やされるよう願い祈る
治らなかった病気が
先進医療を用いて
癒やされるなら
とてもうれしい　けれども
誰かを助けるために
人が犠牲になるのは
どこまでが　良いこと?
癒やしについて
私たちはどこまで
望んでいいの?
移植手術やIVF
聖書には何も書いていない
先進医療のことを
どう考えればいいのだろう
自己犠牲はりっぱだし…
病気が治るよう祈るし…
でもみこころって……?!
正解がないのなら
悩みながら
神様の前にひざまずこう…

神様、これってどうなんですか?

命を救うため、どこまで許されるの？

医療の技術が進歩したからこそ生じる疑問や悩みというものがある。どこまでやったらいいんだろう、どこからが行きすぎなんだろう、と。『私の中のあなた』が描いている、姉への臓器移植を目的とした子どもを妊娠するというケースで言うならば、少し想像力を働かせるだけで、次のような問題が出てくることが予想できる。

①胚の段階から親が望む目的に合わせて選ばれて生まれてきたアナが、自分の存在意義について複雑な思いを抱く。私たちが「あなたは生まれる前から神に選ばれていた」と言われてうれしいのは、選ばれるに値する何かがあるわけでもないのに、ただそのままの存在を愛されて選ばれたからだ。では、自分が選ばれたのは、自分の骨髄や臓器が姉への移植に適しているからだと知っているアナはどう感じるだろう。母親は「だからあなたへの愛はさらに強まった」と言うが、それが美しいことばを使ったまやかしであることにアナは気づいている。

②移植を目的として生まれた妹が、移植をしたくないと思った場合、すさまじい葛藤に直面する。断れば親に憎まれるかもしれないという恐怖感や、姉を死に追いやることへの罪悪感にさいなまれるだろう。だが、十三歳のアナにとって、移植手術が怖くないわけはない。それだけでなく、腎臓を一つ提供することによって、将来高血圧や、妊娠合併症になるリスクが高まり、運動に制限がかけられることも知っている。

③姉自身は妹から骨髄や臓器などを提供してもらいな

がら治療を続けることを本当に望むのだろうか。

　だが、この物語の母親はこれらのどの問題の前でも立ち止まろうとしない。誰の声にも耳を傾けようとしない。それどころではないからだ。ケイトの命を救うことだけが唯一絶対の目的で、家族全員が一丸となってその目標を達成することだけが正義だと信じている。

　それは無理のないことのように思える。この母親は愛情深い。愛情深い母親なら、何を犠牲にしてでも、死にかけている子どもを救おうとするだろう。だが、ここで犠牲にされたものの一部はほかのきょうだいの意思や気持ちであり、実を言えばケイト自身の気持ちさえ無視されていた。ケイトの命を救うことしか見えなくなっていた母親は、家族の思いを跳ね飛ばしながら暴走する列車のようになっていたのだ。

　興味深いのは、この物語の著者が自分のことを「三年間で十回の外科手術を受けた子の母親」と紹介していることだ。著者にとって、暴走列車化する母親の気持ちは決して他人事ではなかっただろう。それなのに、物語全体がこの母親の選択を支持しているように読めないのは、ひょっとして著者自身の自戒もこめられていたのだろうかと想像したりする。

　では、このような状況にあって暴走列車化しないためにはどうすればいいのだろうか。臓器移植という選択肢を手放すべきなのだろうか。そんな単純なことではないのだと思う。臓器移植と言ったって、脳死者からしかできないケースもあれば生体移植ができる場合

もあるし、親から子、子から親、配偶者間、家族以外と、ドナーと被提供者の関係性も、移植に際しての力関係や動機もさまざまで、一つひとつのケースによって倫理的問題の質も変わってくるのだと思う。

　この物語を通して、肝に銘じておくべきだと思ったことが二つある。一つは、延命より大事なものがある、ということだ。もちろん、命を救うためにはたいていのことを犠牲にできるし、するべきだと思うが、時には、「どのように生きるか」のほうが重要な場合だってあるのではないだろうか。

　そしてもう一つは、本書を通して考えてきたほかのテーマにも通じることだが、命は神様のものだということだ。たとえ親であっても、子どもの命を好きに「使う」こともできなければ、「救う」こともできない。できるのは、願うことと祈ることだけなのだ。

　延命に度を越して執着しないことも、命を神様にゆだねることも、「命は神様のものだし、この地上での命だけがすべてではない」と信じていなければ、とてつもなく難しいことだと思う。いや、信じていたって、難しいことに変わりはないけれども、それでも神様に信頼して最終的に命をゆだねられることは、なんと大きな恵みだろう。

　ちなみにこの物語の結末は、小説と映画では一八〇度と言っていいほど違う。小説のほうの結末には、驚くとともにうならされた。この著者も、命は人の思うようにはできないという実感をもっているのではないかと感じる結末だったから。

（結城絵美子）

幕間のおしゃべり

ゆ：ここまで、命をテーマにした話をしてきましたが、どの話にも共通する問題として、「命って、誰のものなのか」っていうことがある気がします。自分や自分の子どもの命は、自分のものなのか？　特に、中絶の場合、命に関する決定権が母親にあるのかないのか、ということが議論の中心にありますよね。

み：アメリカではそこが毎回選挙の争点で、「女性の選択の権利」か、「胎児の命の権利」かが問題になる。それについては、九〇年代に私がアメリカの大学に留学した時の教授、ペギー先生からがっつり教えられました。

ゆ：私が一三ページでふれた方ですね。

み：先生の授業で「胎児は女性の身体の一部ではなく別の存在」であり、「選択権」と「生存権」を比較した場合「生存権」が勝るという論文を読まされました。

ゆ：胎児の命が最優先ってことですね

み：そのような課題を大切に思うに至ったのには理由があって。ペギー先生のお姉さんが暴力により望まぬ妊娠をした後に驚くべき決断をされていたんです。お姉さん夫婦はクリスチャンで、中絶は選択肢になかった。それで姉が産む決断をしたのを聞いて、子どものいなかったペギー先生ご夫妻が、養父母として名乗り出たのだけど、お姉さんご夫妻は自分たちで育てると決め、大切にかけがえのない子として育てている、という。そんなことあるのかと。今でも忘れられない。

ゆ：〇夫妻のケースも、ペギー先生のケースも、普通に考えたら、中絶すると言っても誰も責められないような話ですよね。だけど、どちらも、「命は神様のものだから、自分たちで手を下すことは絶対にできな

ペギー先生　と
先生が紹介した哲学者の論理
女性は「自分の体への権利」と言うけれど、
妊婦の中にいる存在は
女性の体の一部ではない
遺伝子で見れば、
それは妊婦とは別の血液型、性、
遺伝コードを持っている別の存在
胎児が…
免疫学的には妊婦にとって受精卵は異物とみなされます。白血球が攻撃したり…
女性の一部であると
証明できていないことを基に、
「女性の権利」として
訴えること自体が
論理的におかしい
Francis J. Beckwith "Politically Correct Death" 1993 Baker

クリスチャン哲学者. フランク・ベックウィズ（顔は想像）

い」という信念があった。でもこの信仰がないと、その時の自分が置かれている立場や状況や、自分がどうしたいか、ということが、判断材料になってくるんですかね。

み：ある友人は「おなかの子のことを考えてあげられるのは、自分しかいない。けれど、今は自分は育てられず、この世界に出てきても不幸な状況にしかならないから、そうならないようにするのが親としてこの子にできることだ」って言って中絶を選んでいて…。

ゆ：ああ、それは「命は神様のもの」という前提に立たないことの別の側面の話ですね。「命は神様のもの」なら、生まれてきたあとのことも、神様よろしくお願いします、ってなる。こう考えると、神様抜きで命のことを考えるって、途方もなく複雑で難しく、出口がない話。

み：出口ないですね。

ゆ：医療がものすごく発達しているので、それをどこまでやっていいのかということも。いわゆる「生命倫理」問題ですね。

み：『私の中のあなた』は、まさにそんな小説と映画。技術があるから救えると思うので救いたくなって、どこまでやるか悩む。もう今の技術では、手の施しようがありません、って医者に言われれば、そうか、と思うしかないだろうけれど。

ゆ：選択肢がある場合、自分の根底に「最終的に命は神様のもの。そしてこの地上での命だけがすべてではない」という信仰があることが、すごく救いになる気がします。それでも悩ましいんだけど。

映画「私の中のあなた」のワンシーン
なんとかして
娘を守りたい母….
キャメロンディアスが
好演

み：悩ましいですよ。大事な人なら助けたいと思うのが普通。

ゆ：昔、臓器移植の問題がニュースになり始めた頃、私の父がそれを見ながら「かわいそうだけど、臓器っていうのは、一人に一つなんだよな」ってつぶやいたのが、すごい説得力！　と思ったんだけど、実際は問題はもう少し複雑なんだな、と思った。死ななきゃ譲れない臓器もあれば、生体移植できる臓器もあるし、移植する人とされる人の関係性によって、話はまったく変わってくるし。

み：脳死による臓器移植の場合は、ドナーとレシピエントは面識がないケースがほとんどですよね。私の留学時代の知人は二十代で交通事故で亡くなり、臓器提供をしました。彼のお母さんは「息子は、角膜、心臓や腎臓や肝臓、何人にも臓器を提供して、多くの人の命を生かしているの」って言ってた。臓器は彼が会ったこともない人々へ移植された。脳死者からの臓器提供を待つ待機者リストから適合者が選ばれていったので。一方、生体移植の場合は親族間で行われることが多いですね。この映画では姉妹間の腎臓移植というケースだった。

ゆ：移植を希望していたのは母だったけど。

み：本人の意思じゃなく第三者が話を進めているところが問題だったよね。

ゆ：中には、子どもを助けるために喜んで生体移植する親もいるし、一律に「臓器移植禁止」にすればいいって話でもないですよね。第一、一度進歩した医療を後退させることも実際問題としてできないですしね。

　医療はこれからも進めるだけ進んでいくだろうから、それをどう使うか、あるいは使わないかが問題。

み：別の映画の話なんだけど「人魚の眠る家」という東野圭吾の小説が原作の映画があって…。病院で医師に「脳死の可能性が高い」と言われた我が子の命を最新医療技術（物語上の架空の技術）でどこまで持続させるかという家族の葛藤が描かれています。家族だったら、たとえ脳死でも、どんなかたちでも生きていてほしいという思いを捨てられず、裕福で経済力もあり、最新技術にアクセスできてしまうだけに、どこまでそれを使うのか、続けるのか、悩む。親はとにかく、子どもに死んでほしくないのだが、その思いが他の家族をつらくさせ、見てる私もつらくなった。病気の子を介護したことがある親だったら泣くと思う。最新医療でそれまでどうにもできなかった症状に変化が生まれるならすばらしいけれど、どこまでが人の寿命なのか、医療でどこまでやるのかって、本当に難しい。

映画「人魚の眠る家」
母親役の篠原涼子がスゴイです…。

ゆ：その時に、「命は神様のもの」という信念を持っていられるかどうかが、大きな分かれ目になる気がする。

み：私はクリスチャンだし、頭では「命は神様のもの」と知っているつもりだったけど、心でわかってるのかって言われると自信ないっす。

　犬の話で恐縮ですが、うちのワンコに持病があって、飼い主が生活の中で気をつけることで、悪化が防げる可能性もあったのね。それで、とにかく「この子を病気から私が守らなくちゃ」ってすごい思ってワンコの病気のために必死で祈ってたけど、それは「何がなんでも悪化させず、治してください」一択の祈りで。

　でも、そこには、私の力でワンコを病気に絶対させないぞという思いがありすぎて、ワンコの一挙手一投足を見張るようになり、ちょっとでも病気に悪そうな仕草（って普通に生活してたら普通にする仕草なんだけど）を発見するたびに私が「わーーやめてーーー!!」ってヒステリックに大騒ぎしてたんですよ。四六時中ピリピリしてた…。

わーっ
もの〜!

その後動物病院に行った時、そのお医者さんが「実はぼくの愛犬二匹とも同じ病気で、手術もしたけど再発しました」ってあっけらかんと言ったんで、「え？　獣医さんの犬が？　でも生活をすごく気をつけたら、悪くならないのでは」と尋ねると「病気になる時はなるし、人がどうしたからなるとかならないとかいうものではないです」と。

なんだかスコーンと頭たたかれたみたいで。何が何でも、っておまえが命を握っているつもりだったんか！　って思って。なんというか、私がジタバタしても病気になる時はなるし死ぬ時は死ぬんだと思った。そしたら自分がヒステリックに騒ぐこともなくなった。全然わかってなかったと思った。クリスチャンだけど、命が神様のものだって実感していなかったんだ、と。

もう一つ思い出す話があります。昔、大切にしていたペットを亡くした友人に絵をプレゼントしようと思って、「聖書のことばを絵に添えるけど、どの聖書のことばがいい？」って聞いたら「一羽の雀も神様の許しなしに地に落ちない」って書いてって。その時は「え？　そこ？」って思ったんだけど、自分のワンコを空に送った今なら彼女の気持ち、わかる気がする。「命は神様のもの」って信じてるなら、自分にとって大切な命を失ったことも神様の許しのもとで起きたのだ、と思える。そう思うことで、私はずいぶん慰められました。

とはいえ、これからも分岐点ではジタバタもするだろうし、どこまで医療をってところではやっぱり、悩むんだろうけど。

1羽《いちわ》の鳥も
神さまのゆるしなしに
地におちない
Yet not one of them will fall to the ground outside your Father's care.
Matt 10:29

神様、これってどうなんですか？

ダウン症児のママたち

今日の幸せ

三人のお母さんにダウン症のお子さんの出産当時の話を伺った
舞子さんは双子出産後
望くんはダウン症で
えー
これまでは好奇心旺盛で仕事もいろいろチャレンジし効率よくやって願う結果を出してきたのに
人生終わった…！
数日 泣いたが
母は
望ちゃんは神様からの授かりものね
自分の考え方も少しずつ変えていったやがて
もともと前向き
男の子と女の子 ダウン症の特徴がある子と そうでない子を一度に育てるチャンスが与えられているのね
なんだかワクワクしてきた
舞子さんは今も好奇心旺盛なワーママ（働く母）医療や療育の助けを受けつつ
望くんなりに成長していくのを心から楽しんでいる
ステキ舞子さん
恵さんの赤ちゃんは生まれてすぐ
緊急手術のため大病院へ搬送
それからダウン症だと知った
まさかの想定外で
ショック
義母は大雪の中駆けつけてくれて
おめでとう〜！
どんな子でも一緒に育てていきましょうね！
不安で毎日病院に通った
病院では医師や看護師が息子の命を守り育んでくれた
その様子は退院の日にもらった育児日誌に丁寧に綴《つづ》られていた
育児日誌
これからはこの命を私が守っていくんだ…
その後続いた看護の日々

自分でミルクを飲めないため
三時間かけて
鼻からチューブで
入れたのを
一瞬で吐き出して
しまったり
あ～また…
やり直し
そんな手間のかかる
看護を
義母は共に担い
数か月
滞在してくれた
あとやるから
もう
ねて
ねます
話は
なんでも聞くよ！
と言ってくれた友達や
ダウン症の子どもと
親の会との出会いも
あった
一人ではない…
それが力になった
幸子さんが産んだ子は
ダウン症ということを
医師が夫に
伝えていたが
夫は
何も言わず
大きなケーキで
誕生を祝ってくれた
ママー
おめでとう
しばらくして
この子
ミルクをあまり
飲めないの
病気かしら
ちゃんと育つか
すごく心配…
実はね…
その時娘が
ダウン症だと
話してくれた
まず思ったのは
原因が
わかっているなら
よかった！
対応の方法もあるだろうし
生きてくれるならうれしい！
それから十数年
赤ちゃんたちは成長し
三人のお母さんは
ダウン症の子どもと
親の会に
現在も楽しく
参加し
情報を共有
したり
励まし合ったり
している
一度は
落ち込んだけれど
今は幸せです
これから先、進学や
就職、どうなっていくか
わからないけれど
今は幸せ、今日は幸せを
重ねて今があります
ご家族の日々の
楽しい
エピソードなど
たっぷり
話してくださり
最後は
わが子の
可愛いところ
優しいところ
愛しいところを言い合う
「うちの子大好き大会」
で締めくくられた
見て見て～
chu♥
でしょでしょ♥
かわいい～♥

胎児の検査には、妊婦健診で全員が受ける普通の超音波検査と、希望者だけが受ける「出生前検査」がある。その中の、新型出生前診断（NPT）では、染色体異常などについて調べることができる。陽性ならダウン症の赤ちゃんが生まれる可能性が高いということだ。検査は、母体の採血のみで行うため、妊婦のおなかに直接針を刺す羊水検査と違い、流産や出血のリスクもない。NPTは、二〇一三年に始まった新しいもので、日本医学会連合が認証した検査施設のあるクリニックを、「認証施設」と呼ぶ。逆に言えば、認証されていない施設もあるということで、そのような、無認証のクリニックの利用者が年々増加。そんな中、二〇二二年には、厚生労働省が、出生前検査について、すべての妊婦に情報提供をする方針を固めた。

日本産婦人科学会の資料によれば二〇一三年から二〇二〇年までの検査実施総数八万六八一三件のうち、胎児の染色体異常がわかった段階で、九割が人工中絶をしている。そんなことから、出生前診断そのものを「命の選別だ」と、反対する人もいる。

だが、技術自体が悪なわけではない。医療の乏しい国で働いていた知人は出生前診断を受けたが、それは、出産時に高度な医療措置が必要な赤ちゃんだとわかったら、日本で出産するためだった。そのように、赤ちゃんを良い状態で迎え入れるための技術にもなりうる。

とはいえ、その多くが中絶に至るという現実の中で、長年NPTについて研究してきたある教授は、この検査を「悩みの入り口に立つ検査」と呼んだ。受けるか受けないかで悩み、中絶するかしないかで悩む。そして中絶後も悩み続ける人が少なからずいる。最新技術に倫理や哲学がついていっていないのだ。

神様、これってどうなんですか？

出生前診断ってどうなの？

今回お話を伺った幸子さん、舞子さん、恵さんは、同じダウン症児の親の会に入っておられる。三人ともそれぞれの理由で出生前診断は受けずに出産され、かわいい我が子の子育ての様子を、それはそれは楽しそうに語ってくださった。

舞子さんは、「出生前診断は受けなくてよかったです。もし次の妊娠があったとしても、自分は受けません。出生前診断でわかる範囲は限られています。私は、この子を産んで、障がいがわかって、一度は落ち込みましたが、今は、毎日楽しく、幸せです。でも、もし出生前診断で知らされていたら、落ち込む期間が長くなり、つらかったと思います。医師には、検査を受けないという選択肢も尊重したうえで説明してほしいと思います」と語られた。

また、幸子さんは医師の話し方にも配慮を願っていた。「『何か異常があったらいけないから、検査しましょう』とか『検査の結果、残念でしたね。堕胎ができるのはあと〇週です』とだけ淡々と言われてしまうと、『心配』なことを『取り除く』ために『堕胎』という道しかないように聞こえます。おなかの子が『命』や『人』として扱われないのは悲しいです」

予備知識もなく、カウンセリングも支援もなく、ただ数値が普通と違うことだけを示されて放り出されたら、不安に思って当たり前だ。だが、話し方の善し悪しを、医師の性格や資質だけに頼るのは無理がある。なので、告知にはカウンセラーやケースワーカーなどの支援とのセットが必須だな、と感じた。

その後、調べると、二〇二二年にできた新しい制度では、実際にそのような支援がセットになっていた。出生前検査認証制度等運営委員会の認証を受けた施設が、遺伝カウンセリングと小児科医による出生前コンサルトを通じ、先天性疾患の子どもたちが家族と共に明るい生活を送れるよう、医療や福祉のサポートを充実させ、支えるための制度だった。新制度、なかなかいいではないか、と思う。一方で、無認証の施設で検査する人もとても多いらしい。無認証の施設を選ぶ理由は「安い」、また「認証施設の場合、夫婦でカウンセリングに行く必要があるが、その暇はない」など。

…想像してみた。今、私が若く、妊娠したとして。医師から「出生前診断あるけど受けますか？　最近受ける人多いですよ」と言われ、よく考えずに「みんな受けてるなら、受けるか！　でもお金ないし、夫も忙しくてカウンセリングに一緒に通うとか無理なんで、安いほうで」と無認証の施設で検査を受けて、陽性と出た、とする…。ネットで染色体異常って何だろう？　と（実際にここで）検索してみた。すると正確かどうかは別として、大変な情報ばかりが飛び込んでくる。介護…。晩年の父を家で介護していた母は、二十四時間それ一色だったと思い起こす。仕事で連日深夜帰宅の夫の助けは、一ミリも期待できない。もう絵を描く仕事や趣味の時間はなくなるだろう。そして子どもの一生に最

後まで責任をもてる自信もない。想像しただけで、暗雲がたちこめた。「クリスチャンなら命は大切だと知ってるでしょ」と遠くのほうで声がしたものの、それよりも「そんな大変なこと、自分には絶対無理」という声のほうが大音量で流れている。NPT陽性者九割が妊娠中断、というのも不思議はない気さえしてくる。
でも、ふと気づいた。そもそもこの空想の中に、「その子がどんなことを話し、どんな笑顔でどんなふうにかわいいか」という要素が一つもない。大体「仕事も趣味も友人関係も全部失い、たった一人の孤独な体力仕事しかない悲しい人生」という想像が現実に起きるとはまだ何も決まっていない。なのにそれがものすごい現実感をもって暗雲を作り出している。
こういうとき、悲惨な空想に判断を支配されないためには、空想ではない事実を知ることが大切。カウンセリング、行政支援、すでにダウン症のお子さんを育てているご家族のふつうの日常。
今回お話ししてくださったお母さんたちは三人とも、その日常をとても楽しそうに話し、こう言ってくださった。「一時は落ち込んだけど今は幸せですっていう事実をお伝えすることはできます。こういう子たちを育てている親の会があって、幸せに思っている方たちが多いことも」。また「出生前検査をして、もし不安になる方がおられるようだったら、いつでも相談できるこういう窓口があると伝えるサポートはしていただきたいなと思いますね」と。

（みなみななみ）

神様、これってどうなんですか?

ケニアで障がい児の友となる

共に生きればこんなに幸せ

社会保障や福祉が
整っていない状態で
医療費、教育費の
負担も重く
罪悪感と
経済的困難が原因で
家庭内暴力、離婚なども
少なくない
障がいのある子どもは
家から出る機会が
ほとんどなく
その家族の多くは
孤独の中で生きている
そんな中でも
クリニックに来てくれた
子どもたちがいる
その一人　クライドは
ある日　私を見るなり
満面の笑みで
笑いかけてきた
その時、クライドの中にいる
イエス様が
「私の友に
なりなさい」
とおっしゃっているのを
聞いた
この人たちに仕え
この人たちと
共に生きていこう
一瞬でそう決断した
これが
障がい児と家族が通う
「シロアムの園」の始まり
一軒家から始まった
「シロアムの園」
子どもたちはここで
リハビリと医療を受け
遊び学び食事をし
礼拝をする
家にこもりがちだった
子どもとその家族にとって
新しい居場所と
なっていった
ある日
初めてシロアムの園に
やってきた
マリアとその母親
マリアの顔は能面のようで
母も暗い服を着て
暗い顔をしていた
この子を
ここで
もらってくれるの？
そう聞いた
母子の生活は

参考文献　『グッド・モーニング・トゥ・ユー』（公文和子著、いのちのことば社）。イラストは書籍の中の写真を参考に描かせていただきました

幕間のおしゃべり

み：三〇ページの公文和子さんの漫画は、書籍『グッド・モーニング・トゥ・ユー』（公文和子著　いのちことば社）を読んで、その内容の一部をみなみが漫画にまとめたものでした。本には、ほかにもたくさん心を打つエピソードがあり、神様の恵みにあふれているので、ぜひご一読を。で、この書籍の企画をされ、公文さんに執筆依頼したのが、編集者の結城さん。あなたですね。笑

障がい者支援施設
垂穂《たりほ》寮
身の回りのお世話を職員が二十四時間交代でしていますが
新しい職員には慣れるまで警戒心もあり
近寄ると嫌がられたり食事を介助しようとしても拒否されたり…
施設長　大畑さん
プイ
そこを乗り越えてやっと一人前
時には年単位で受け入れてもらえるのを待つことも
受け入れてもらった時はうれしいですね
手をつないでくれるようになったり
笑顔を見せてくれた時は天使のように思えて愛おしいですね

ゆ：はい。

み：どうして公文さんに本を書いてほしいと思ったのですか？

ゆ：ちょうどその少し前にやまゆり園事件※1がありました。

み：重度障がい者の施設で、大勢が殺された事件ですね。

ゆ：ええ。その犯人が「意思疎通できない人は生きている意味はない」みたいなことを言っていたし、だいぶ前に、元都知事の石原慎太郎氏も、重度障がい者の施設を視察して「こういう人って、人格あるのかね」と言ったという記事を読んでいました。

み：ひどいこと言うなあ。

ゆ：それに対する、現場からの答えがほしかったんです。

日々、重度障がい者と接している公文さんにお話を伺うと、重度障がい児たちに人格があることはいわずもがなですが、ことばを話せない子たちとも意思疎通は取れる

※1　2016年、障がい者施設「津久井やまゆり園」の元職員である男性が、やまゆり園の入所者を刃物を持って襲い、19人を殺害した事件

し、ただ、取れるだけでなく、そこには喜びがあるんだということがわかりました。

み：以前拙著『ななさんぽ』で、障がい者支援施設に取材に伺った時のこと思い出しました。職員の方は、ことばを語らない利用者さんと、丁寧に時間をかけて、信頼関係を築いておられること、それこそ年単位で関係を築けた時の喜びについてお話しくださった。でもすぐに関係が築けないと、つらくなり、諦めて、辞めてしまう職員もいるとおっしゃっていました。時間はかかるし、知識や技術が必要な場合もありますね。

ゆ：そうですね。公文さんの本を通して、重度障がい者の日々のケアやリハビリをしながら喜びのあるコミュニケーションをとるということは、一人ではとてもできない、ということも同時に知りました。

み：一人でやるのは大変ですよね。私の母は父の晩年の介護を家でやっていて、父の世話は、母の喜びで、生きがいでもあったけれど、公的サポートにずいぶん助けられました。いくつもの方面からの支援があったから母は「喜び」を保てたと思う。

ゆ：ほんと、それ！ それは子育てもそうなんですよね。喜びもあるけど、大変さも半端なく、それを一人でやるとなると、喜びの部分があっという間に消し飛んじゃう。だけど、適切なサポートがあれば、その喜びを味わうことができる…。

シロアムの園で
理学療法を
お母さんと
いっしょに…

み：その「サポートください」っていうのを、言える状況であればよいのだけど。公文さんと出会う前の障がい児を抱えたケニアの親御さんたちは助けを求める場所がそもそもなかったんですよね。シロアムで初めて、相談できる人たちに出会った。食事の方法や理学療法、療育という具体的な助けに出会った。一方、日本では、探せば公的支援があるとしても、介護、育児、プラス家事と仕事で時間も体力も精神もパンク寸前だと、助けを求めるという考えに至らないんですよね。仮に「助けて～」と思ったとしても、自分で調べて行政に連絡する余裕がなかったり。それに、育児や介護って、「家族で全部やるものだ」という価値観が長年、日本中に染み渡っているので、どうしても、一人で頑張らないと、と思いがち。

ゆ：日本人は特に、「人様に迷惑をかけちゃいけない」という意識が強いから…。そして、周りもまた、励ますつもりで「あなたが、しっかりしないと」と言って追い込んでしまう場合もある。

み：「しっかりしないと」って言われるとつらいです。

ゆ：以前読んだ新聞には、難しい子育てを一人でしていたお母さんが、保育園からも学校からも親戚からも、「親がもっとちゃんとしないと」と責められ、ついに心中未遂にまで至った、という記事が載っていました。[※2]

み：えぇー「ちゃんと」しなくてもいいから死なないで、そして殺さないで〜〜。

ゆ：息子の首を絞めている時に、息子が「お母さんをつらい気持ちにさせてごめんね」と謝ったのでハッと我に返ったって。その後、息子は発達障がいの診断を受け、サポートも受け、今は二つの会社の役員をしているとか。

み：うーん。その新聞記事の最後に「会社役員」って。必要な情報か？　そもそも世間から「ちゃんとして」ないと言われ、「社会からはみでたらだめ」「人並みに生きないとだめ」という価値観に押しつぶされたお母さんがつらくなって心中まで考えてしまったんだよね？　大人になったら「会社役員」になれてよかった、って話で終わると「ちゃんと」「人並み以上に」「社会で活躍する人になったのでヨシ！」ってまとめ記事のようで、「ちゃんとしろ」の価値観が脈々と流れたままみたいで、なんかヤダな〜。会社役員になろうがなるまいが、ちゃんとしていようがいまいが、存在そのものが尊い、と言ってほしいんですけど。ああ、話がそれてしまった。すみません。で、話を戻すと、介護や子育てを一人で抱えてしまうと、つらくなる、ということでした。

助けてくれる人がいて初めて余裕をもって喜べる。

ゆ：そうですね。それを別のことばで言えば「支え合って生きる」ってことになると思うんですよね。中でも特に、育児や介護は、家族の中の誰か一人が孤立してやるか、大勢のサポートを受けてやるかで、ものすごく変わってくるものなんだな、と思いました。

そして、サポートする側（シロアムの園のスタッフや、通所者の家族）にも本当に喜びをもたらすものなんだな、って。歩けなかった子が歩くとか、表情のなかった子が笑うとか、その瞬間に立ち会った喜びを知っている人にとっては、その子の存在が迷惑？　はぁ?!　って話だと思う。

取材で出会ったダウン症児のお母さんたちも、「障がい児の母」としてではなく、普通に、かわいい我が子を育てている母として「我が子可愛い自慢」をしていらっしゃいましたよね。

み：はい。とても楽しそうに。愛しそうに。その三人のお母さんそれぞれ、お義母さんやお友達、「ダウン症の子どもと親の会」などに支えられてきたことも話しておられました。見せていただいた写真がみんなラブラブな感じで。ほんとかわいかったですね〜。

※2 発達障害の息子と「無理心中」未遂の過去
https://www.asahi.com/articles/ASSCL2C1PSCLPTIL00PM.html

みなみのコラム
優生保護法とか、T4計画とか

ハンセン病の療養施設、邑久《おく》光明園

ハンセン病の療養施設、邑久光明園を以前、見学した。その時のことは、拙著『ななさんぽ』に描いたが、その本には描く機会のないまま、心に刺さっていた場所がある。そこは「しのび塚」公園。大きな石碑のそばに「胎児等慰霊の碑」と書かれた小さなお墓があった。園を案内してくださった難波さん（何十年も前から施設内の教会に通うクリスチャンで、訴訟団の原告もされた方）から、かつてこの島で暮らしていたハンセン病患者の女性たちは、妊娠がわかると子どもを産まないよう堕胎を余儀なくされていたこと、大勢の胎児が日の目を見ることもなくこの世を去っていったこと、さらに園内には四十九体のホルマリン漬けにされた胎児が長年保存されており、二〇〇七年にようやく遺骨を納めた慰霊碑が建てられたことなどを聞いた。

「ホルマリン漬けにされた胎児」と聞いて昔見たＳＦ映画の映像を頭で思い描いた。でもこれはＳＦじゃない。その園や日本中のハンセン病施設の中で実際にあったことで、少し前まですぐそこにあったんだ。「堕胎を余儀なくされた」って何なんだ？　そこには「優生保護法」というものがあった。

優生保護法ってなに？

「『優生上の見地から不良な子孫の出生を防止する』ことを目的とし、当時の優生学・遺伝学の知識の中で遺伝性とされた精神障害・知的障害・神経疾患・身体障害を有する人を、優生手術（強制不妊手術）の対象とし…ました」[※1]とネットにあったのをザックリまとめると「国が『こういう人たちは子どもは産むな』と勝手に決めて、子どもができないように不妊手術を強制した法律」。

対象になった病気や障がいのリスト[※2]を見ると、ありとあらゆる病気が書かれていて、どれほどの人が不妊手術を強制されたんだろうと胸が痛んだ。邑久光明園で聞いたのは不妊手術ではなく、すでに宿った胎児を堕胎していたことだったが、どちらにせよ「おまえは『不良』だから子孫残すな」と国が決めてそれを実行していたということだ。

この法律が一九九六年まで存在していたことに驚かされる。つい最近ではないか。その間に強制的に不妊手術を受けさせられた人への国の賠償責任が二〇二四年になって初めて認められた。

日本でこの法律ができた過程は、一九四〇年ナチス・ドイツの遺伝病子孫防止法をモデルに政府提案により国民優生法が制定されたことによる。で、ナチス・ドイツというと悪名高いＴ４作戦というのがある。

Ｔ４作戦ってなに？

Ｔ４作戦は、一九三〇年代後半からドイツで精神障がい者や身体障がい者に対して行われた「強制的な安楽死」（虐殺）政策。その犠牲になった人々は七万から二十万とも言われている。Ｔ４作戦については八二ページに少し紹介したので読んでね。

これらの背景には「優生学」という考え方がある。これはフランシス・ゴルトンの造語。ゴルトンは、従兄弟のチャールズ・ダーウィンが一八五九年に著した『種の起源』から影響を受け、進化論と遺伝学を人間にあてはめ、「生殖に適さない人」を断種することで、集団の質を高めようという考えを提唱した。今となっては、「優生学は人権意識の欠如したエセ科学」と認める人も多いが、それに基づいた日本の法律は、九六年まであったのだ。

誰が生まれてきていいとか悪いとか、生きていていいとかいけないとか、誰が生殖に適しているとかいないとかを、人間が判断したらおかしくなる。そんなこと、判断しちゃいけないと思う。ましてや国や組織がそれを強制できたら、恐い。創造主不在の進化論の行き着いた先が優生学なんだろうなあ。でも、神様は存在し、人を創り、神様はそれを見て「よかった」と言った。なら、それでいいじゃん。

※１ 公益社団法人 日本精神神経学会 ://www.jspn.or.jp/modules/advocacy/index.php?content_id=99
※２ https://ja.wikipedia.org/wiki/ 優生保護法

第二部 「みこころ」について考えてみた

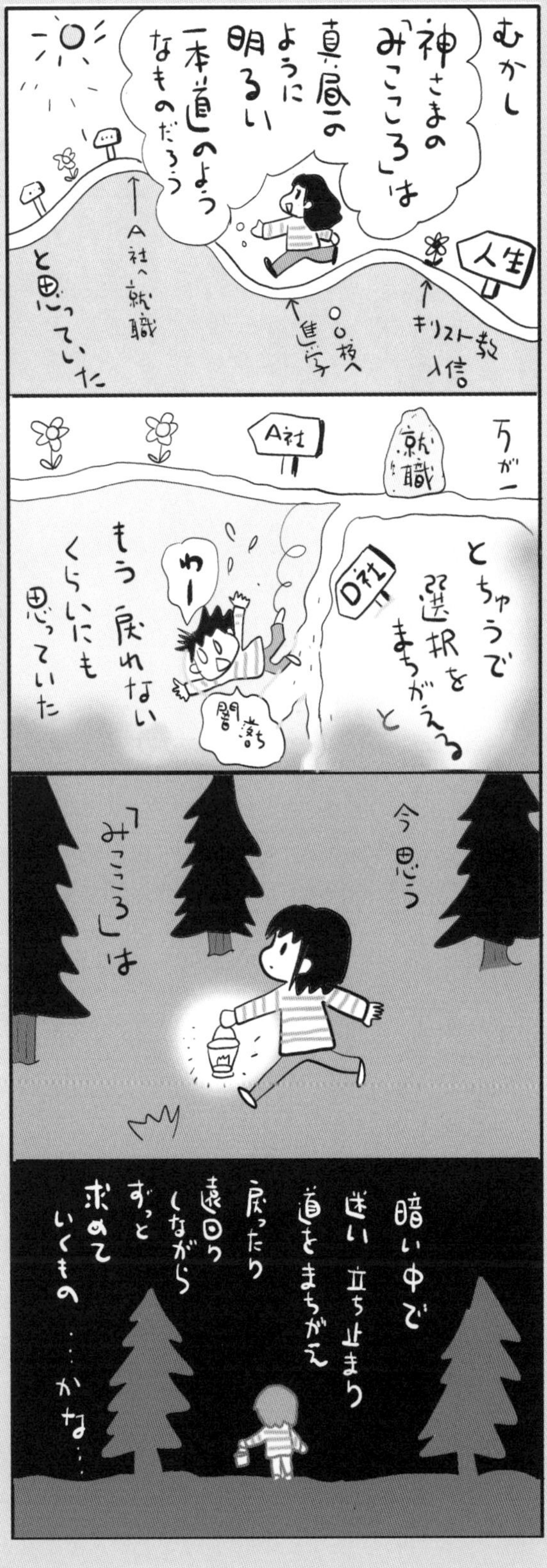

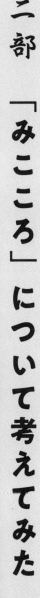

神様の愛はもっと大きい

緑さんの場合

緑さんのケース
子育てにひどく悩んでいた頃 教会に行き 娘の葵と一緒に 神様を信じた
牧師や先輩クリスチャンママの子育てアドバイスを聞いた
親は権威を与えられています 子どもは親に従わなければならない
口答えは許してはいけない
時にはしつけでお尻をたたくことも必要です 「むちを控える者は自分の子を憎む者」（箴言13・24）とありますから
クリスチャンの母として教えられたとおりに ちゃんと やろう
「罪の芽は小さいうちにつみ取るため厳しくしつけるべき」なのね
嘘《うそ》は罪よ！
痛くても葵のため
反省させるため泣くまでたたいたり
キリスト教系の育児書を何冊も読み そのとおりにと
良いことできたから プラス一点 でも 悪いこともしたから マイナス一点ね
点数管理でしつけ
だってママ…
親に口答えは許さない
理由など聞かず しかった これも 葵を愛しているから
謝りなさい
葵はいつも素直に謝った
ごめんなさい
中学に入り いくつかの問題が起き始め
学校でこんな…
すべては益になると書いてあるわ
つらいことが…
でもヨブもね たいへんな試練にあって…
聖書にはこう書いてあるでしょ
常にみことばを使って励まし

私は…
そうじゃないよ 聖書では もっと ああしたほうが いいって
正しい（と私が思っていた）道へ葵を導きたい一心だった
ところが葵は だんだん 話をしなくなり ひどくつらそうで
つらいのも 成長の訓練 祈ろう
だまれ！！ あっち行けー！
この家は 安全じゃない！
こんなこと葵が 言うはずない サタンに 言わされているのだ
そう確信し 葵からサタンを 追い出すため 祈り手も 依頼したが
葵はさらに つらそうで 暴言を吐いたり 壁を蹴ったり 落書きをしたり
この家は 安全じゃない
普通の会話は ほぼしなくなり 食事をする 夜眠る という 日常生活も困難になった
病院に 行きたい…
と何度か 言っていたが
私は病院に頼らず 解決したかったので 連れていかなかった
みことばと 祈りで なんとかできると 信じていたのだ
自分が助けられた この信仰書を読めば 葵も励まされるはず
葵のためになるから 読んでね じゃ 仕事行ってくるね
…

帰ってきたら
部屋は煤《すす》だらけ
本はすっかり
灰になっていた
そんなに嫌だったのか…
良かれと思って
やっていたことが
どれほど葵を
傷つけ、苦しめ
追い詰めていたか
私はまったく
わかっていなかった
自分の無力さを知り
私自身も
疲れ果てた
それからは
医療や行政、福祉
たくさんの方々の
助けを借り
葵は夜眠り
食事をし
落ち着いて話が
できるようになり
何年もかけて
葵なりに
イエス様と共に
毎日を
穏やかに
送るようになった
今、振り返り思うこと
私は
「これこそ真理
正しい聖書の教え」と信じ
その基準で葵を判断していた
それが
葵を苦しめているという
自覚もなかった
でもそれらの「教え」は
人間の解釈の一つに
過ぎなかったし
神様は
私や葵が「良いことを
したから
愛してくれる」
のではなかった
神の愛 まであと ○○km
神の愛は
人が何かをした
行動の先に
あるものではなく
最初からあるもの
小さな葵には伝えられなかった
けれども今は伝えたい
何があっても味方だよ
神様の愛は
もっと大きい

「宗教二世」の問題が社会で取り上げられるようになり、つらい思いをしてきた子どもたちに光が当てられるようになったのは、良いことだ。そんな中、今回取材に応じてくださった緑さんは「宗教二世は人ごとではない。一般的な教会の、真面目なクリスチャンの親の家庭で苦しんだ二世クリスチャンを私はこれまでいっぱい見てきたし、私たち親子もそうだった」と当時を振り返る。

　葵ちゃんから暴言、眠れない、などの症状が出るに至る前、「娘の話を途中でさえぎり、自分が正しいと思うことを話していた。娘のためと思っていた」という。

　臨床心理士などの助けを借り、葵ちゃんが自分の苦しかったことをことばにできるようになってから語ったいくつかのこと。「私が話しているとお母さんが話をもっていってしまう。お母さんの話を聞きたいんじゃない」「お母さんは葵のためといつも言っていたけど、お母さんは自分のためにやっていた」「自分の価値基準で私を判断しないで」。

　緑さんはそれらのことばを今、真摯に受け止める。「自身が正しいと信じた価値基準イコール聖書の基準そのもの」でないことにも気づいた。そして、自分の価値基準で人の行動の善し悪しをすぐに判断しないよう努めている。

　「以前はネガティブなことは悪いことだと思っていた。たとえば、『嘘《うそ》をつく』『親に口答えする』もそうだし、『暴言を吐く』『ものを壊す』『眠れない』とか『食べられない』とか『鬱になる』とか。そういうのは全部、良くないことだからとにかくそれをすぐ排除するというふうにしか

神様、これってどうなんですか？

神様の愛はもっと大きい

考えていなかった。でも、今は、一見ネガティブに見えることが、即、悪いことではないと身にしみている。さまざまな理由があって、行動がある。むしろその行動が心や命を守っている場合もある。だから今は、目先の現象ですぐに善し悪しを判断するのではなく、その裏にある事情を考える」と緑さんは言う。「それは精神保健福祉士の勉強をしていても、同じことが必要とされる」そうだ。行政の福祉課の支援を受け大いに助けられた緑さんは、現在、精神保健福祉士の資格を得るために勉強中だ。

　緑さん自身、厳しい親のもと「お前はダメだ」と言われ続け、自尊感情が低かったそう。神様を信じた後も「いいクリスチャン」「いい母親」になることで神様に認められよう、愛されようとしていた。「いいポイント」を貯めることで神様に初めて愛される、逆に言えば、そのままの自分では愛されないと思っていた。だから「頑張った」。が、葵ちゃんと一緒にどん底まで落ちて、もう頑張れないところで、やっとわかったのは、何かができるから愛されているわけではない、神様の愛はもっと大きいということだった。

　目先の行動で裁かない。心の声に耳を傾ける。何かができるから、ではなくて、相手の存在をそのまま大切にし、まるごと受け入れる。緑さんが学んだ大事なことは、まさに神様が私たちにしてくれたこと。大きな愛を、神様からしっかり受け取ったら、同じ種類の愛を少しでも分かち合えますように。いつまでも残るのは「愛」なのだから。

（みなみななみ）

神様、これってどうなんですか？

それって、必要な罪悪感？

桜さんの場合

桜さんの場合
中学生の時 近所の教会に通い 神様を信じた
教会の人は牧師先生を 尊敬し、言われたとおりに 何でもしていた
「この世のもの」は むなしい偶像です すべて神様に ささげましょう
アーメン
同じような証《あかし》しを 何度も聞いた
私はギターが大好きで 夢中で練習し コンクールで優勝 でも心はむなしかった ギターを海に捨て 神様にすべてを ささげました
私は野球部で 日曜日も 熱心に練習し でもむなしかった すべてを神様に ささげ…
私は歌や踊りが 好きだったけれど
何かに 夢中になると むなしいの？
「この世のもの」を 好きになることに 「罪悪感」を感じるようになった
はやりの歌で クラスの子たちが みんなで 踊っていた時も 歌わなかった
知ってるけど
カラオケが はやっても
さくら〜 またねー
一度も 行かなかった
歌に夢中に なるわけには いかない
こんな礼拝説教も 時々あった
恋愛結婚は 身勝手です
教会の人たちは同意して
うちがうまく いかないのは 恋愛結婚だった からね
そうそう
教会が「紹介」 しなかった人と 結婚する人たちは ひっそりと教会を去った

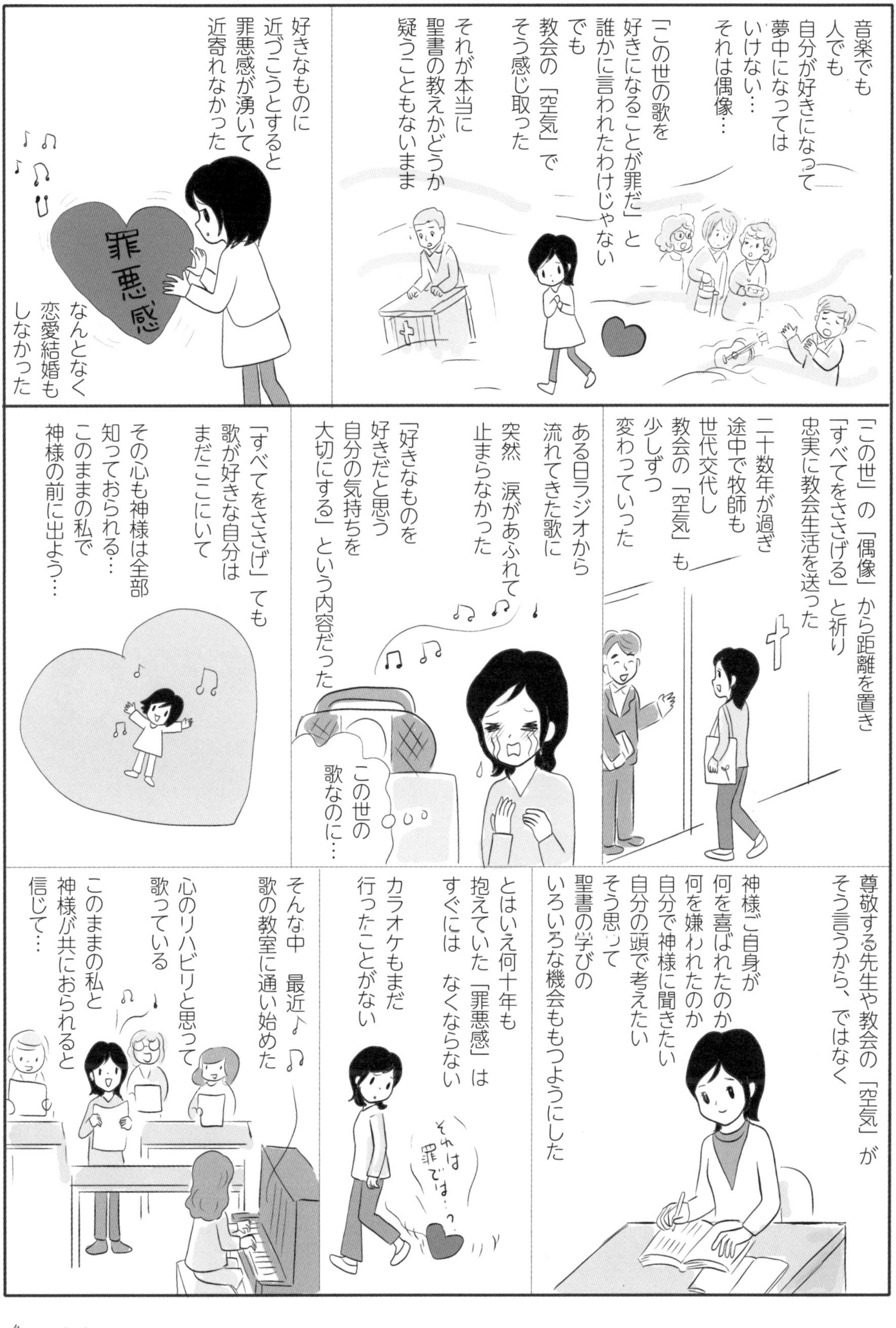
音楽でも
人でも
自分が好きになって
夢中になっては
いけない…
それは偶像…
「この世の歌を
好きになることが罪だ」と
誰かに言われたわけじゃない
でも
教会の「空気」で
そう感じ取った
それが本当に
聖書の教えかどうか
疑うこともないまま
好きなものに
近づこうとすると
罪悪感が湧いて
近寄れなかった
罪悪感
なんとなく
恋愛結婚も
しなかった
「この世」の「偶像」から距離を置き
「すべてをささげる」と祈り
忠実に教会生活を送った
二十数年が過ぎ
途中で牧師も
世代交代し
教会の「空気」も
少しずつ
変わっていった
ある日ラジオから
流れてきた歌に
突然　涙があふれて
止まらなかった
「好きなものを
好きだと思う
自分の気持ちを
大切にする」という内容だった
この世の
歌なのに…
「すべてをささげ」ても
歌が好きな自分は
まだここにいて
その心も神様は全部
知っておられる…
このままの私で
神様の前に出よう…
尊敬する先生や教会の「空気」が
そう言うから、ではなく
神様ご自身が
何を喜ばれたのか
何を嫌われたのか
自分で神様に聞きたい
自分の頭で考えたい
そう思って
聖書の学びの
いろいろな機会をもつようにした
とはいえ何十年も
抱えていた「罪悪感」は
すぐには　なくならない
カラオケもまだ
行ったことがない
それは罪では…？
そんな中　最近♪
歌の教室に通い始めた
心のリハビリと思って
歌っている
このままの私と
神様が共におられると
信じて…

桜さんのお話を伺いながら、「トランプ、カードゲームは罪」「映画は罪」、ざっくり言えば、キリスト教に関係のない娯楽はみんな罪、と示唆するような信仰書を、昔、読んだことを思い出した。自分も当時まだ学生で、キリスト教のキの字を知り始めた頃だったので、誰かにそう言われれば「そういうものなのか」と思った。

「映画が罪」「世俗の歌が罪」だなんて聖書のどこにも書いてない。聖書に明記してあること以外の何が罪で何がそうでないか、どうやって決めるんだろう？　私たちは慣習や空気の中で、そう感じ取り、それが神のみこころだと思い込んでしまう。

私が留学していたバイオラ大学（アメリカの歴史ある福音的クリスチャン大学）はかつては「ダンス禁止」だったが、私がいた時代にはミュージカルの観劇もし、時代とともに禁止事項が変わっているね、と笑い話になっていた。でも問題は「禁止事項」が理不尽だということより、狭い集団の「空気」と「罪悪感」で心が縛られることかな、と思う。

桜さんがラジオから聞いたという歌※1のサビ部分を私が口ずさんだら彼女は涙ぐんでいた。どれだけ長い間、好きなものを好きだと思ってはいけない、自分らしく生きてはいけないと思い続けてきたのだろう。

けれども、「すべてをささげること」が悪いわけではない。今朝読んだメッセージでは、「自分の十字架を負う」とは自分の好きなように生きる権利を捨て、キリストに人生の舵《かじ》取りをしてもらうことである」と書かれていた。神以外のものが自分の生きる指針となり、偶像にな

神様、これってどうなんですか？

それって、必要な罪悪感？

ることが罪で、その罪から離れ、神に従うべきという教えは聖書の中にある。だけど「自分の好きなことを全部諦める」ことがテンプレートで、みんなそうすべき、という空気があるとしたらそれは別の話。これを読んだ、編集部の結城さんがくれたコメントが以下。

「『ギターを捨ててすべてをささげる』って、そのあとは具体的に何をすることが推奨されているんだろう？　ギターを弾いていた時間を教会の奉仕にささげればいいの？　なんか、みんな個性のない奉仕ロボット集団みたいな感じになりそうですよね。ギターを好きな自分に造ってくださったのも、歌を好きな自分に造ってくださったのも神様で、その好きなことを喜び楽しみ感謝することも、その好きなことを通して神様のためにできることがあるならそうすることも、神様に自分をささげることになると思うのですが…」

「好きなことを喜び楽しみ感謝する」ロールモデルが中学生の桜さんの周囲にあればよかったけれど、残念ながら、それはなかった。それどころか、牧師先生の思う「あるべき信徒像」から外れることがとても難しかったそう。牧師の意に沿わないことをした信徒たちは震えながら罪の告白をしていたという。牧師が引退して何十年もたった今も、その時の影響に苦しんでいる人が少なくないという。

「恋愛結婚は身勝手」って話については、なんじゃそれ？　その考えどこから出てきたの？　と謎だった。某カルト宗教の合同結婚式を思い浮かべつつ、そんな教理、聖書のどこにあるんじゃ、と怒りすら湧いてきた。そ

※1「どんなときも」槇原敬之

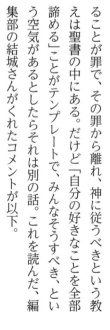

んな時、たまたま読んだ昭和五十年代の小説[※2]にこんな一節が。「ぼくの両親が昔かたぎでね、恋愛結婚は絶対認めないんだ」。なるほどー。昔かたぎのせいか！　そういえば「牧師先生はご高齢で、硬派で、実直な方だった」と桜さんは言っていた。昔かたぎだったか！　それは聖書の教えじゃなくて、その時代の文化だよね。聖書と関係ないじゃん。てか、ヤコブとラケルって恋愛結婚だよね？　ボアズとルツだってなんだかんだあるけど、恋愛結婚的要素があるよね？　別に聖書は恋愛を禁じてないよね？　なのに、なぜ、牧師の個人的な見解に基づく考えイコール神の考えなの？

　そんなわけないだろ、と今なら言えるけど、私も昔、ひと回り年上の信徒さんに諭されたことがある。「牧師の説教は神のことばと同じだから、決して批判をしてはいけません」。その時感じた違和感。「それって違くない？」。でもそう言語化はできなかった。

　前述したバイオラ大学の聖書の講義では、聖書学者である教授たちが「聖書の解釈には諸説あり、自分はこの学説を取る。どの立場を選ぶかはきみたち個人に任せる」と言っていた。自分で聖書を学び、自分の頭で考えろ、ということを繰り返し教えられた。聖書を誰より研究し続けている敬虔《けいけん》なクリスチャンの教授たちは、自分の解釈が神の見解だなんて言わなかった。

　もちろん、牧師の権威には敬意を払い、謙遜な心でそのことばは受け止めたい。だとしても、牧師だって人間だ。間違いも失敗もふつうにある。桜さんたちがそう思えたらどんなに楽だっただろう。時代もあるかなあ。一

昔前の女性たちは権威をもった男性に意見することが許されていなかった。もちろん例外もあっただろうが、全体として、権威や男性に従うべきという文化の中で、さらに信仰上の権威もついた牧師が相手だから「それ違くない？」という発想にそもそも至らなかったんだと思う。

　もう一つ気になったこと。桜さんの教会では、他教会との関わりに対して否定的だったそうだ。そして先生の薦める信仰書以外は読ませたがらなかったという。つまり先生の考えと違う信仰の姿勢、文化があるなんて当時の桜さんには知るすべもなかった。一方で、同じように禁止事項に縛られかけていた私が、ほどなくして、映画を観たり歌を聞いたりしても別にいいんだと思えるようになったのは、周囲の風通しがよかったせいだと思う。超教派の集会や他教会合同のキャンプへの参加が教会でも奨励されていて、よく参加していた。他の教会の人たちの考え、文化の違いに触れて、信仰の在り方もいろいろだな、と肌で感じる機会が多かった。

　桜さんは現在、教会内外のバイブルスタディに参加し、他の教会に通うクリスチャンとも親しく話をし、さまざまな信仰書も読み、神様が本当はどういうお方で、何を喜ばれるのかを、毎日聖書を掘り下げて調べている。ベレアの町の人々のように。

　「この町のユダヤ人は、…非常に熱心にみことばを受け入れ、はたしてそのとおりかどうか、毎日聖書を調べた」（使徒17・11）

（みなみななみ）

※2『広き迷路』三浦綾子著　新潮社

幕間のおしゃべり

ゆ：この漫画を読むとわかるように、ほかの人が「神様のために」とか「神様がこう言っているから」という理由でやっていることが、「いや、明らかに神様はそんなこと言ってないでしょ」ということだと、すぐに「それはおかしいよ」とわかるけど、実は自分の中にもそういうおかしな神観とか思い込みってありませんか？

み：自分で「それをおかしい」と気づけないことが問題ですよね。自覚のないまましばしば何年も「神様のため」のつもりで、神様がまったく望まないことをやっていることはあって。その最中は「神様に従って」いたつもりだったけど、今振り返れば、神様そんなこと求めてなかったんじゃね？ってことは多々ある。

ゆ：たとえば？

み：持ってた漫画、全部処分した。『ベルサイユのバラ』、『明日のジョー』、『ブラックジャック』も。千冊くらい。

ゆ：そんなに持ってたんですか？

み：学校で昼ごはん買うためのお金を全部漫画に使ってたから。クリスチャンになりたての頃は「世」の娯楽はいかんと。映画も見ず、「世」の音楽も聞いちゃいけないと思いこんでたので。クリスチャン音楽だけ聞いてた。普通のR&Bは聞けないけど、Take6とかマヘリア・ジャクソンみたいにゴスペルならいいんだ！　とか。「世の楽しみよ〜去れ〜」って賛美歌あるでしょ。どうやら、楽しみはだめらしいと一時期、思って。普通に友達と遊びに行くのもいけないと思ってた。だから、その当時の学校の友達って一人もいないんです。遊ばない代わりに夏休みはキリスト教のキャンプ場で奉仕。もちろん奉仕することがダメなわけではないけど。私の考え方がダメだった。「楽しいことはいけない」って。さくらさんの牧師先生をどうこう言えない。

ゆ：桜さんの牧師みたいな考え方って、昔からわりとよくあったみたいですよね。たとえば、修道院の中で、あることをやろうとする時にそれが罪かどうかを判断するには、それを楽しんだかどうかが基準になる、

80年代
日本のクリスチャン音楽
↳オリーブと
上原令子さんもよく聞きました
まんが本は処分だ!!

という教えがあったそうです。楽しんだなら、それは罪だ、と。神様が本当にそういう方なら、かなり意地悪だよね。人が楽しむこと、喜ぶことをよく思わない神、というか。

み：うん。でも、そういう理解に至るまで何十年もかかってしまったわい。

大昔に信仰書で「誕生祝いをするのはよくない」的なことを読んだ記憶があって。自分を中心とした祝いで神様が二の次にされるのがよくないという意味だったのかな。うっすらな記憶ですが。さすがに私も、誕生日ケーキ食べてますけど。「楽しむ」は、課題だった。でも最近、誕生祝いについて真逆のことを読みました。ヘンリ・ナーウェンというカトリックの司祭の本で。

ゆ：真逆？　なんて？

み：「誕生日は、祝うべきものです。誕生日を祝うことは、試験の合格や昇進、勝利を祝うことより、もっと大切なことだと思います。なぜなら誕生日を祝うことは、『あなたがいてくれてありがとう』とある人に言うことだからです。……あなたがこの地上で、私たちと共に歩んでくれるのでうれしい。さあ共に喜び、楽しもう。この日は私たちが存在し、共に生きるために造られた日なのだから」（『いま、ここに生きる』ヘンリ・ナーウェン著　太田和功一訳　あめんどう）

あなたが
生まれてきてくれて
うれしい

ゆ：確かに正反対ですね。前者を取るか後者を取るかで、神観がかなり違ってきます。私の神観に関して言えば、私は長いこと、神様は私を赦してくださるには違いないけど、しぶしぶ、いやいや、赦してくださっているような気がしていたんですよ。特に、自分でも悪いと思っていることを何度も繰り返してしまって同じことで謝る時、「まだ変われないのか。この前、もう変わると言ったのではないのか。また同じことを赦さなくてはいけないのか」と不機嫌になられているような気がして。

み：不機嫌な神様像。わかりみしかない。

ゆ：それで、それが後ろめたくて祈りにくくなることない？　って、ある時友達に聞いたことがあるんです。そしたらその友達が、「う～ん、私は甘えん坊だから、ない！」って言って。衝撃だった…。でも、彼女の神観のほうが健全な気がしたんです。聖書には、「あなたの背きの罪をぬぐい去り、もうあなたの罪を思い出さない」（イザヤ四三・二五）っていうみことばがあるでしょ？　彼女のほうが聖書的だな、と。

み：なるほど…「甘えん坊」にはなれないので、共感はできないが、「もうあなたの罪を思い出さない」は聖書のことばだから確かに「不機嫌な神」よりも「赦す神」のほうが、聖書の神様像に近いですよね。なのに。神様は不機嫌…というのが長年の私のデフォルトだったもんで。なんなら、うっかりすると今もその神様像に戻る。不機嫌な神様をなだめるためにささげ物をする的なことで言えば、『奇跡の海』という、怖い映画がありましたね。神様にささげてる…つもりの…「自己犠牲」が、ものすごくて。

ゆ：あれはほんと、「おい、ちょっと待て！ 神様がいつそんなこと言った?!」の極みみたいな映画でしたよね。ほとんどただのセルフいたこだったし。

み：神様のセリフを、全部一人二役で自分でしゃべってましたもんね。

ゆ：しかも、自分の心の中にある恐れとか怒りとかを、「神様」の口を借りて言わせているという…。だから彼女の「神様」が彼女に命じていることって、むしろ、聖書に矛盾することばかりだったし。

み：だけど本人は真剣に神様に祈り、神様に言われたと思い込んでいるので、その言われたとおりのことに、どんな犠牲を払ってでも、従うんですよ。神様ならなんとかしてくれるって痛々しいほどに、信じていて。その信心は尊いようにも見え、それゆえに恐ろしく、人ごとに思えず。

ゆ：あれは極端な例だったけど、あれをマイルドにしたような歪んだ神観って、誰の心にも多かれ少なかれあるような気がするんですよ。

神さま……
「ベスよ」
「おろかもの」
祈りながら
神の声も自分でやってるイタコ状態
映画「奇跡の海」のベス役
エミリーワトソン
(1996年カンヌ国際映画祭 審査員グランプリ受賞作品)

み：私もありますよ…。どうやってその歪みを直せばいいんだ。

ゆ：自分の神観が歪んでいないのかどうかっていう判断を、どうやってすればいいのかといえば、やっぱり、その神観は聖書に矛盾してないか？ ってことなんでしょうね。

み：聖書をよく学べば、ある程度は神観は補正される…可能性はあるとは思うが、でも…三部の戦時中のドイツと日本のキリスト教の歴史のところ、調べてみると、聖書に詳しいはずの神学者も牧師も、戦時中は聖書から離れた神観になっていった。知識があってもダメな時はダメなのか〜。私も何十年も教会に通って聖書を何べんも通読してても、わからない。「神様は私なんかに関心はない」と勝手に確信に満ちることがよくあるが、それって聖書のあらゆることばにも、神観にも全然合ってない。

ゆ：よく言われることだけど、この神観って、自分の親との関係とか、自分を取り囲む文化にものすごく影響されますよね。

み：親か〜。天国のお父さん〜地上では血圧高すぎて不機嫌なことあったね〜。ちびななみは、怒られないように、顔色見て暮らしてたけど、結構な頻度で逆鱗にふれて

※1「奇跡の海」あらすじ：信仰心の強いベスが、遠く離れた油田で働く夫が早く帰ってくるように祈ったところ、夫は事故で重傷を負い、全身麻痺になって帰ってくる。その後ベスは夫のために「神から命じられた」と信じるつらい行為を次々としていく

怒られてました。今は天国でご機嫌だといいなあ～。

ゆ：私はやっぱり、同じ間違いを繰り返したら赦されないと親から教えられながら生きてきたから、神様だってそうだろうと思っていたと思う。

そして、神様が人を赦してくださるその惜しみなさとか、人を愛してくださるその深さとかは、私の想像をはるかに超えるものなんだけど、私の常識に基づく想像の範囲内に収めようとすると、変なことになる。例えば、私が嫌いで、ほかのみんなも嫌っているような人のことは、神様だって苦々しく思っているに違いない、とか、思ってた（笑）

み：みんなに嫌われてたザアカイを親しく呼んでくれたイエス様はどこへ行った。（笑）

ゆ：こういうのって要するに、神様ってどんな方か、聖書に書かれていることより、自分の体にしみこんでいる判断基準のほうが強く作用しちゃうってことなのかな、と思います。

み：まさに。自分がしっくりくるほうを信じてて、神様もそう思ってるはず、につい、なりがち。聖書が、そんなこと言っていなくても。でも「わたしの思いは、あなたがたの思いと異なり、あなたがたの道は、わたしの道と異なる」（イザヤ五五・八）というみことばもありましたね。

ゆ：一生懸命吟味しても、人は間違える可能性がいつもあるってことですよね。「神様はこうおっしゃっていると思うけど（確信しているけど）もしかしたら間違いかもしれない」という可能性も同時に覚えている謙遜さが必要なんでしょうね。そしたら、たとえ間違っていたとしても、その間違いも含めて最終的に神様が導いてくださる気がする…。

弟子ですら
「イエスさまのため
〇〇しよう」が
全然イエスさまの
望みじゃなかった件。

あいつらイエスさまを歓迎しなかったっす
天から火降らせて焼き滅ぼしちゃいます？
や…やめろ
ちがう〜

ルカ9章 53-55

Mi

第三部　世界・社会について考えてみた

いつもは
半径5キロ
圏内のことしか
考えず
晩ごはん どうしよう~
郵便局 行かなきゃ!
新聞も よまず
ニュースも 見ず
あれして これして
日常が すぎていく
けど
実は
その日常の
延長線上に
れきし
人権
在留外国人
つづいていて
社会も 歴史も
戦争
それを すべて
神さまは
心にかけて いるらしい…
れきし
世界
社会

神様、これってどうなんですか?

イスラエル・ハマス・パレスチナ1

柿内ルツさんを訪ねて

二〇二三年十月
イスラエル関連の
SNSを見すぎて
情報が錯綜《さくそう》し
脳みそがパンクした
みなみは、イスラエルの
政府観光省公認ガイド
ルツさんを訪ねた
たすけて ルツさん
私の人権派の友達は
イスラエルによる 無差別暴力 パレスチナ人虐殺を やめろ
とデモに参加していて
一方では
パレスチナ・ガザは 聖書で約束された 領土だから イスラエルを応援する!
と言う クリスチャンがいて
イスラエルに 寄り添う
パレスチナに 寄り添う
みなみは戦争反対派だが クリスチャンであって… どう考えればいいの? ルツさんはどっちの味方?
どっちでもなく、どっちにもいる和平派の味方 少数派だけど
人権が認められた パレスチナ国と 安全が保証された イスラエル国との 二国家共存を願ってます
←ルツさん
イスラエルは 領土のために 戦ってるの? 聖書の約束なら 応援するべきなの?
ななみさん 質問が間違ってます
これを 領土問題にしてるのは ハマス※1
あと パレスチナと ハマスは違うからね
イスラエルは 「ガザはいらない」 と言ってますし
イスラエルが 戦っているのはハマス
ハマスとは?
ハマスはイスラム過激派で 武装テロ組織
イスラエルは 国民を 守るために 戦いに出た
暴力では何も 解決できない のに…
今回の戦争のきっかけは ハマスの奇襲攻撃 この順番を間違えずに 考えればいい
何があったの?
以下 まとめ
二〇二三年十月七日
パレスチナの ガザ地区から ハマスの ロケット弾二千七百発が イスラエルに向けて 次々と発射 イスラエル内陸部や テルアビブまで着弾

※1 ハマス　イスラム過激派。パレスチナを実効支配しており、武装闘争によるイスラム国家樹立を目的として設立した武装テロ組織。「イスラエルせん滅」をハマス憲章に掲げている

ハマスのテロリスト二千五百人が
国境の壁を壊したり
あらゆる方法で
空からも
海からも
イスラエルに侵入
仮庵の祭りの最終日・安息日の朝
三十二のキブツ（農業共同体）
音楽フェスなどが一斉に奇襲された
ガザ
音楽フェス
キブツなど
集落や家の配置、
家族構成を
ハマスは把握しており
民間人を襲うよう周到に計画されていた
多くの集落では、
少人数でも
防衛して
ハマスの侵入を
阻止したが
死傷者も出た
被害が大きかった
キブツでは
拷問、凌辱《りょうじょく》、斬首、
焼き打ちや
非人道的な虐殺があり
この日、約千二百人の
命が奪われた
ユダヤ人やイスラム教徒は
復活を信じてるからご遺体は
土葬して絶対焼かない
でも武装テロ組織は
焼き打ちした…
これはユダヤ人には
最悪な仕打ちなの
生存者二百四十二人は捕虜に
なって（うち子ども三十人）
安否不明
ハマスのロケット弾は
その後も発射され続け
十月七日から
ひと月で九千五百発
一日に二百から三百発
テルアビブなど
生活密集地に
着弾している
二十五万人の
イスラエル市民は避難
イスラエルに
ロケット弾が？
そんなに？
11月6日
PM10:00
Yavne
イスラエル国防軍（以下IDF）は
人質救出と
ハマス組織壊滅を
目標に戦闘を開始
ハマスは、以前から
小学校、病院、
難民キャンプなどへ
武装基地拠点を置き、
ロケットの
発射基地としている
病院など
ハマスの地下トンネルと軍事基地

記事内の数字は 23 年 11 月上旬現在。爆撃などの情報は IDF の SNS より
https://x.com/IDF/status/1720290103505932586?s=20　https://x.com/IDF/status/1722727258442420509?s=20

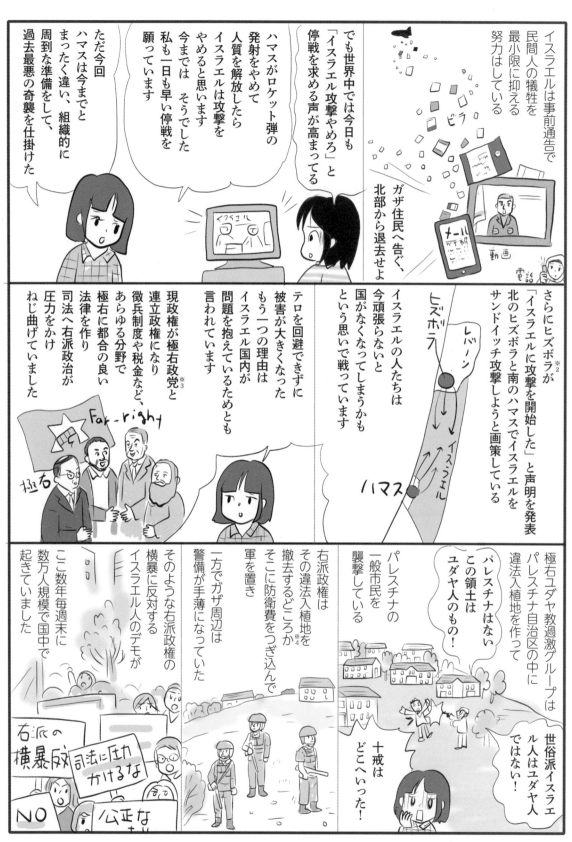

※2 ヒズボラ　シリアのイスラム過激派。2023年現在は南レバノンに駐留。以前から時々北イスラエルにミサイル、ロケット攻撃を仕掛けてきていた。この時、南のハマスの攻撃に触発され、北からの攻撃を画策。11月2日に小規模な攻撃をしたとの声明を出したが、総力戦の兆候はまだない

中道左派や知識人の和平派は、安全で平和であれば、オスロ合意に従ってよいと思ってる
オスロ合意って？
??
一九九三年にイスラエルとパレスチナの代表が合意して一九九五年施行された「二国家共存」を認めるもの
パレスチナの自治の地区を広げていって最終的に、パレスチナ国家が独立すること
ラビン
アラファト PLO
うまく機能できなかったけれど
三十年前はイスラエルの多くの人はパレスチナとこれらの国際的な取り決めに従って共存できればいいと思っていたよ
一方　イスラム過激派ハマスはイスラエルという国の存在自体認めていないこれは　また別の話
存在　認めない……??
イスラエルとパレスチナが平和的に二国共存できることを願って地道な活動をしてきた和平派のイスラエル人はガザ周辺のキブツにもいた
これまでイスラム過激派のロケットやテロで被害が出ても未来には「ティクバ」（ヘブライ語で「希望」）があると励まし合ってきたの
תִּקְוָה
キブツには、ガザから出稼ぎに来るパレスチナ労働者もいたけれど
今回このハマスの襲撃を受けた被害者の中に和平派の人々もいた
あまりに残忍な襲撃に心が折れてしまい「ティクバ」（希望）って言わなくなった…
現地の事情初めて詳しく聞いた「イスラエルが正義か悪か」「どっちの味方か」という話じゃないね
暴力はダメ　どっちも
どっちが正義だと言い合ってクリスチャンが相反したら悪魔の思うつぼ…今は一致して平和のために祈る時です
次回も引き続きルツさんにパレスチナの人たちのこともお聞きします

※3「宗教シオニズム／ユダヤの力」
※4　入植地に家を建てるのは違法だったので、以前は政府はそういう家をブルドーザーで撤去していた

神様、これってどうなんですか？

イスラエル・ハマス・パレスチナ 2

柿内ルツさんを訪ねて

ルツさんはちょうど三十年前にイスラエルへ渡り現在はイスラエル政府観光省公認ガイド
前回に引き続き…二〇二三年十月イスラエルの戦争が始まり頭がカオスになってルツさんを訪ねたみなみの話、二回目
ルツさん〜助けて〜
今回の戦争でパレスチナの子どもや女性が大勢亡くなり傷ついていて…
NEWS
なぜ女性や子どもたちが多く被害者になってると思う？
イスラエルの空爆で…
なぜそんな危ないところに子どもがいると思う？
子どもや女性がいるところ病院や学校にハマスは軍事拠点を作っているの
ようちえん
え？　何で？
攻撃されにくいしもし攻撃受けて女性や子どもが被害にあえば…
NEWS
かわいそうと思うよ〜
パレスチナが同情されイスラエルが非難されることを意図してる
ハマスが人間を盾にして世界に訴えるのは昔からで今に始まったことではないけどね
たとえば十月十七日にガザの病院へイスラエル軍が砲撃したという報道が出てイスラエル批判に火がついたよね
死者 500 人
ガザ保健当局の発表
うん 報道見た
でも、それは実は誤報　実際はパレスチナの組織イスラミック・ジハード（イスラム聖戦）の誤爆だった※1
あとから「500人」ではなかったらしいことと着弾は病院の外で車の被害が中心だったことなどを確認してたね
でも日本では誤報だという修正報道は見なかったね
まあ、いつもあるメディアコントロールってやつ　戦時には必ず情報合戦が起きるし
ふつうテレビを鵜呑みにしてるからまさか情報がコントロールされてるとか考えたこともなかったよ

※ 1 https://jp.reuters.com/world/security/TPEQE4EX2FJNLNLQKPLIRMBD2M-2023-10-21/　ガザ病院爆発仏軍事偵察局…ロイター

ハマスの盾にされた
パレスチナの女性や
子どもたちが犠牲になって
とても悲しい
その一方で残念ながら
女性のテロリストも
いるし　子どもにも
テロを行うことを
教えているの
えっ
子どもに？
テロ？
ハマスや
イスラミック・ジハードなどの
武装集団が主催する
児童サマーキャンプがあって
軍事訓練の写真が
ネットで見られるよ
銃を持っての
匍匐《ほふく》前進や、
投石、
殺害方法などを
訓練してる
戦時には最前線で
戦うように
仕込まれてる
殺す訓練？
こんな小さい子に？
うそ…
ほ…ほんとだ…！
ハマスが
子どもたちを洗脳し
戦士を作り上げて、
憎しみと怒りの日々
暗い闇の世界に
引きずり込んでいる
これを止めてくれ！
…と
元ハマスの戦士で
クリスチャンになった人※2が
命がけで講演してる
自爆テロをした
女性は英雄になってる
パレスチナ民族解放運動（ファタハ）
殉教者
偉大な英雄
殉教者
パレスチナの花嫁
2002年3月29日金曜日
エルサレムで…殉教作戦は実行…
ポスターが難民キャンプに
貼ってあった
数十年前の
平和に見えた時ですら、
パレスチナの妊娠中の女性が
言ってた
私たちはここ（お腹）で
爆弾を作ってるのよ
え…
子ども＝無力、無防備
女性＝非力、弱者
という私たちの常識は
通用しない世界があるの

ハマスのサマーキャンプ（英語）
Hamas Summer Camps Teach Children To Use Weapons | MEMRI　https://tinyurl.com/ykom2k7s
https://www.motherjones.com/media/2009/09/hamas-summer-camp-eman-mohammed/

※2、3 モサブ・ハッサン・ユーセフ　ハマス戦士として育ちのちにクリスチャンとなり亡命。父はハマス創設者の一人で最高主導者。著書『ハマスの息子』（幻冬舎）にその半生をつづった（日本語訳現在絶版）。最近は世界のニュースサイトや大学などでのインタビュー、講演の様子がさまざまな youtube チャンネルで見られる（英語）

この戦争が始まって いちばん初めに思ったのは ガザの クリスチャンたちのこと
ガザにクリスチャンが いるの? 全員がイスラム教では ないんだ?
うん いるよ　でも
イスラム教徒が 改宗してクリスチャン になるのは 命の危険がある それでも 救われる人がいるの 地下教会※4で礼拝してる
リバイバルも 近いかもと いう話もある
けれど 今回の戦争で ガザの大勢の人が 死傷してる
戦争に巻き込まれて 被害にあった信者もいるけど この戦時下で、ある教会では 急いで洗礼を受けた人もいるって… 信仰はなくならない　強い人たち 今は南部へ 避難させられたけど
自分だったら こんな被害にあえば 信仰が揺らぎそうだよ… ガザにも　主が おられるんだね　彼らが 守られるよう祈るね
あとハマスの救いの ためにも祈って…
えっ ハマス!? の救い? テロリストの!?
実際に テロリストだった人が 救われているの
パウロのように 本当に奇跡的に 主イエスと 出会ってしまって
自分は どうしたらいいんだ
って　信者のもとへ 相談に来る テロリストも実際いるの
本当の愛を知ったら 今までのような 怒りや憎しみ、恐怖に支配された 生き方はできなくなる
だから祈ってね
ガザとパレスチナの クリスチャンのため イスラムの救いのために 祈ります

※４ 土の下という意味ではなく、表には出ないという意味。一般家庭の家の教会

神様、これってどうなんですか？

イスラエル・ハマス・パレスチナ3

柿内ルツさんを訪ねて

前回に続き イスラエルの戦争から三か月 みなみは ルツさん※1と話し続けた…
「この戦争は 聖書のこの箇所の 預言のこれこれで 世界が終わる」 との話を聞いた〜
世界中で 大きな戦争が あるたびに 同様の解釈が…毎回
あ？ 毎回？
でも「その日」が いつかは誰にもわ からないよね (マタイ24・36参照)
あと「イスラエルは パレスチナの領土を 奪ったから襲撃され てもしかたない」説は どうなの？ 歴史が わからなくて〜
世界史の成績2
歴史なら オスマン帝国下からね 「領土」といっても パレスチナという国が 存在したことはないの
当時、このあたりは パレスチナとか レバントとか いろんな 呼び方があり 定まって いなかった
メソポタミア
このあたり
地中海
エジプト
オスマン帝国 1299-1922年
オスマン帝国の 支配下に アラブ人も ユダヤ人もいた
オスマン帝国のトルコ人
アラブ人
ユダヤ人
そこをイギリスが「三枚舌」で
①オスマン帝国に 反乱して勝てば アラブの国が できるよ
マクマホン
アラブ帝国独立の密約
反乱軍で 戦うぞ！
よし
フセイン
① 1915年 フセイン＝マクマホン協定
英仏露の密約
②中東を俺ら イギリス フランス ロシアで 三分割しよう！ レバント周辺は 国際的 統治地区に しよう
ロシア
フランス
イギリス
地中海
サイクス
ピコ
よし 俺らで 統治だ
② 1916年 サイクス・ピコ条約
ユダヤ人とイギリスの契約
③イギリスに 出資してくれたら ユダヤ国家を 作れるよ でも今の パレスチナの住民は そのままにね
バルフォア
お金 送ります！
ユダヤ人
ロスチャイルド
③ 1917年 バルフォア宣言
この時、活躍したのが 「アラビアのロレンス※2」 イギリス陸軍の ロレンスは アラブ人と一緒に オスマン帝国と 戦った…けど 三枚舌がわかって 失意の中で亡くなった
LAWRENCE OF ARABIA
アラブ独立の ため〜

※1 ルツさん イスラエル在住30年、イスラエル政府観光省公認ガイド　※2 1962年イギリス映画

※3 独立戦争について 参考
ユダヤ人の歴史（英語）https://tinyurl.com/ynwdhjav

そんな中「二国家共存」を目指しイスラエルの代表とパレスチナの代表（ファタハ党の議長）※4が会談（一九九三年）
「テロをやめるならパレスチナ自治を認める」とオスロ合意を結び
一九九五年パレスチナ自治開始※5
ファタハ党
アラファト議長
イスラエル
ラビン首相
イスラエル軍は一部の地区から撤退
パレスチナだけで完全自治を試し始めた
テロがなくなり平和が続けば自治の地区を広げていく一歩だった
イスラエル軍が撤退したその翌日、完全自治区のエリコやベツレヘムへ行ったらみんなうれしそうで、お祭りムード
私も　イスラエルの和平派の人たちもやがて平和的に二国家共存できると希望を感じたよ
しかしその後提案や折衝は何度も繰り返されたが折り合いがつかず
いらだったアラファトは二〇〇〇年九月二十八日テロを再開した
これが第二次インティファーダー（民衆蜂起）
私がガイドするグループが神殿の丘を見学するはずだったのにテロが起きて入れなくなったからよく覚えてる
NO
えー
ぞろぞろ
二〇〇七年からハマスがガザを実効支配
その後もテロは止まずテロで死傷者が出るたびにテロ武装組織の多い地域への警戒が強まり国境フェンスは
有刺鉄線から四メートルのコンクリートの壁になった
街から遠いガザ地区は有刺鉄線だけだったよ
これは　パレスチナの難民キャンプにあった地図
イスラエルがどこにもないこの地図をハマスは教育に使っているの
ハマスにとってイスラエルはないもの？
ほんと
全くないの
地中海
パレスチナ
ヨルダン
エジプト
ハマス憲章では「パレスチナの全土解放」を目的としていてユダヤ人の国を認めない
パレスチナにはハマスとファタハ二つの勢力があるけど反目していて
「イスラエルとの二国家共存」を容認したファタハはハマスにとっては裏切り者なの
テロでは解決せんぞ
何言ってんだ裏切り者め
打倒シオニストイスラエル撲滅だ
ハマス
ファタハ
ハニヤ氏
アラファトの後任 アッバス議長

※4 PLO アラファト率いる武装組織からできた政党。今も西岸地区はファタハが管理している

※5 参考　日本外務省 http://tinyurl.com/mrxuj5y3　在日イスラエル大使館 https://www.israel.emb-japan.go.jp/html/jp_PA_Data.html

パレスチナの人たちは汚職がひどいファタハを離れてハマスへの支持が増えてる…
それでも、ガザ住民の三割強が、今回のハマス襲撃には賛成しないとの調査結果が出てる※6
みんなが賛成してるわけじゃないのね
そう　イスラエルのことは嫌でも襲撃とか人質とかハマスのやり方に反対のパレスチナ住民もいるの
一方　イスラエル軍の攻撃は攻撃対象を選別しきれず市民を巻き込み恐れていたことが起きてしまった
ガザの被害は大きいし人質を撃っちゃったし
ブレーキかけないとね
そういえばイスラエルの友人が十二月のハヌカの祭り※7で親族が集まった時の様子を話してくれたんだ一時間以上の長話だった
FaceTimeでよかった
ルツ〜!
今はまずガザ停戦しないと
人質解放が最優先よね
ネタニアフ首相が言うようにハマスを抑えるのが先だろ
交渉できればいちばん良いけど
この間の停戦でもさー延長交渉してたよね
無理じゃね?!
ハマスがロケット弾飛ばして停戦延長は中断されたよな
うちさー、ヒズボラの攻撃あるし、シェルターのある近所の家に引っ越すことにした
今までどこに避難してたの?
庭の防空壕に
パレスチナ人も自分たちの国が欲しいんだよ
でも暴力で奪い取るのは違うよな　お互い
このままじゃ打開できないんじゃね?　頭が変わんねーと
そうだ
そうだ
右派左派いて激論だったけどネタニアフ批判で落ち着いたわ〜
イスラエル首相のネタニアフは昔からパレスチナの独立を認めない右派思想があって　彼に反対するイスラエル人は増えているけど※8
とにかくイスラエルもパレスチナも両方が右派に傾きすぎた
今の戦争は国防のためとはいえ双方の犠牲が大きいからこそそれを無駄にせず良い方向へ軌道修正してほしい
まず今必要なのは停戦　人質の解放
そのためにはイスラエルもパレスチナも変化しないと、このままじゃ戦争は終わらない
双方から対話のできる代表者が現れるように願ってる
うん
うん
ルツさん3ヶ月ありがとー

※6 2023年12月のパレスチナの世論調査
https://www.jetro.go.jp/biznews/2023/12/baff3f18d086783e.

※7　9本の燭台に火を灯す、光の祭り。メシア待望の祭りとも言われている（新約聖書では宮清めまたは神殿奉献祭）

※8 https://www.jetro.go.jp/biznews/2023/12/55b6256b96961aff.html

神様、これってどうなんですか？

同性愛に関するアメリカの神学から何を学ぶ？

西原智彦牧師を訪ねて

少し前まで私は同性愛や性別違和について「教会で起こること」とは思っていませんでした
でも最近教会の中にも当事者はいてただ声を上げられずにいただけだったということがわかってきました
編集者の結城さん
これ以上、彼らの存在や その苦悩を無視し続けるならそのつもりはなくても恐ろしいほどに彼らを傷つけることになることも知りました
クリスチャン満場一致の「正解」など存在しないかもしれません でもとにかく、私たちは知ることから始め考え続けなければ…
以下の記事の中には米国キリスト教界の神学や潮流を説明する過程で、同性愛や性別違和について否定的な表現が出てきます これを読んで精神的なストレスを感じる場合もありますので読み進めるかどうか、ご自身で判断してくださるよう、お願いいたします
欧米では十九世紀に同性愛が「病気」とされ、治療の対象とされた歴史があったが各国で徐々に病気ではないと認めＷＨＯ（世界保健機関）も病気の国際統計分類から同性愛を削除している
資料
一方キリスト教界では「同性愛が罪」という解釈が浸透しており当事者は教会にいないものと考えられてきた
西原智彦牧師に お話を伺います。先生は「性的少数者と共に礼拝できる教会」のあり方について考え本も執筆中だそうですがそのきっかけは何ですか？
きっかけは…
私が卒業した日本の神学校の後輩が十年近く前にＬＧＢＴＱ＋の課題の卒論を書いたのですが
これまで誰もそのテーマを研究したことがなく判断できず
卒論として認めていいのか？
LGBTQ+
ダメだ
いいか
いや
けんけんがくがく
収まりがつかない状態が数年続き
なんとかせねば…
…と調べ始めたのがきっかけでした

※１ 1973年アメリカ評議会は「精神障害の診断と統計マニュアル（DSM）」から「同性愛」項目を削除。それまで病気とされていたが、脱病理された

※２ 性指向とは人の恋愛・性愛の対象がどのような性別に向いているかを示す概念

アメリカのキリスト教界では同性愛に関する神学的立場の区分としてサイドA．B．X．Yというのがあり…
サイドA？B？X？Y？
まずサイドXの始まりは一九七〇年代にアメリカで当事者が純粋な信仰で「癒やされたい」と願って集まったことです
L.フリスビー
その頃までアメリカでは同性愛は病気とされてましたね…※1
スマホ
当時同性愛者への差別と排斥はとてもひどく同性愛者という理由で殺されることもあり
…襲撃、暴行
公職追放、不当逮捕
教会追放など…
ひどい時代
LGBTヒストリーブック
そんな中この集まりは当事者が差別や命の危険を感じることなく安心して礼拝できる避けどころでした
ハレルヤ
主をほめよ
grace
Jesus
母教会には行けなくなったがあの教会の団体は受け入れてくれる
当事者団体で聖書講義と祈り、対話などによるコンバージョンセラピー（転向療法）を行い同性愛者から異性愛者へと性指向※2を「転向」させる脱同性愛《エックスゲイ》運動が広がりました
サイドX
脱同性愛の過程で異性との結婚に至った方々結婚生活の維持のため大変な努力を続けている方々もおられます
Bless this Home
X-gay（脱同性愛）
一九八〇年代にはこの活動に異性愛者の信者が大勢加わり「癒やされることが救い」と変わっていきました
一方でセラピーを受けても性指向が変わらない当事者は大変な苦しみを負いました
私は救われない…
転向療法を受けた人がうつ病や希死念慮をもつ割合は、そうでない場合の二倍から三倍…※3
二〇一三年　脱同性愛運動の中心的団体「エクソダス」の当時の代表は「転向療法で自分も人々の性指向も変わらなかった　むしろ精神に有害な影響を与えた」と団体を解散しました
仲間を救うための団体だったのに傷つけていた…
当時のエクソダス代表
アラン・チェンバーズ
その後　複数の後継団体がセラピーを続けていますが、それらを受けることを軽々しくお勧めはできません
クリスチャンホーム育ち
どんなに祈っても同性愛の思いはなくならなかった…
一方　二〇〇三年　性指向、性自認はそのまま感情も行動も罪ではなく同性婚を肯定する立場の当事者が出てきましたこれがサイドAです
神さまと聖書を心から愛するクリスチャンでかつ同性愛者《ゲイ》もいるのです
サイドA
ジャスティン・リー
Affirming（肯定する）

※3 米国、英国の医学者、科学者、及び政府機関は、転向療法に対し「潜在的に有害」であると懸念を表明している。アメリカの20の州とカナダ、フランス、など諸外国では転向療法を法律で禁止している

聖書は同性間の真剣な愛を非難していない
2012年にメソジスト教会で語ったものをYoutubeで発信し話題に…
GOD AND THE GAY CHRISTIAN
MATTHEW VINES
『神と同性愛者《ゲイ》のクリスチャン』
フェミニズム神学を用いた聖書解釈
2013年に Reformation Project 設立
サイドA
マシュー・ヴァインズ
同性愛者のクリスチャンという点は君たちと同じだが行為までは受け入れられない…
かといってサイドXのように「性指向を人為的に変えられる」とも思わない
同性愛者というアイデンティティは神様からの賜物《たまもの》だと信じる
ジャスティン リー
ともだち
サイドA
ロン ベルガウ
同性愛者のまま独身を貫き神に仕える!
という立場のサイドBが生まれました
celibacy 独身
サイドB
ロン・ベルガウ
サイドBは 同性愛者を独身者の召しと捉え教会における新しい人間関係の触媒となろうとする非常に献身的な生き方です
サイドB
2024年出版※4
WESLEY HILL
WASHED & WAITING
ウェスレー・ヒル
このサイドBの献身的な生き方は当事者ではない人々にも受け入れやすく多くの教会にもサイドBの考えが浸透していきました
そんな中アメリカの最高裁で同性婚が初めて認められ
2015年
それに危機感を感じたキリスト教の団体「聖書的な男らしさ・女らしさの評議会」（CBMW※5）は同性婚などを否定する内容を含めた「ナッシュビル声明」を発表します
CBMW 重役会
おもにいろんな神学校の教授がメンバー
この声明文を作成、賛同、また署名したのは当事者以上に神学者や教会関係者たちで
サイドX「性指向の転向を求める」のは 賛同しないまでも
サイドB「独身で献身」はよいとして「その性指向が賜物」というのは 支持できかねる
性指向性自認はそのままとしつつ「理想的な自己認識を志す」のがよいな
XでもAでもBでもない新たなサイドYという立場が中心でした
新たな自己認識 New identity Y
サイドY
サイドAは反対。
しかしナッシュビル声明は発表後「当事者の痛みをまったく配慮していない声明」と市民やメディアから批判を受け署名した著名人からの追加説明や謝罪文などが新聞などに寄稿されました
ワシントンポスト
私は署名したが…
ニューヨークタイムス
この声明文は牧会的視点を欠いた偏りがある神学的な文章で当事者への配慮にも欠けているため牧会の現場に役立つとは言い難いです

※4『罪洗われ、待ち望む』ウェスレー・ヒル著　岡谷和作訳　いのちのことば社
※5 Council on Biblical Manhood and Womanhood

ただ性的少数の当事者が切り開いた
サイドX、A、Bと関わりがなく
関わろうとすらしなかった
保守的なキリスト教会が
多いのも現実で
その立場からすると
初めて神学と臨床心理学から
真剣に考え始めたものとして
歴史的価値のある文書だと
私は評価しています
日本でこのナッシュビル声明が
翻訳・解説され、
キリスト教界でも
さまざまな意見が
ネットなどで見られました
なかには
サイドYではなく
サイドXの方が
ご自分の立場の論拠として
おられるように思える意見もあり
残念に思いました
声明文…むずかしい～
一生「理想的な自己」を
志す…？って…？？？？
もしも　その立場にいて
やれと言われても
人生挫折だらけの私には
理想から遠いほどにつらくなり
生きる気力を失いそうです…
自分はダメなんだと思いつづけ…
実際　性的少数者で
希死念慮をもつ人は
とても多く※6
その思いと葛藤している
当事者からの電話を
受けることもあります
教会できつい説教が…
つらい交わりがあって…
つらいですね
電話を切った後
この方は
どうなるんだろう
プッ
自分の教会ではないので
どうにもできない
この問題で
いちばんのネックは
とにかく教会です
同じ倫理を共有する
共同体だからこそ
いちばん大きな課題
なのです
LGBTQ＋の方々と共に
礼拝するという可能性を
今までまったく考えてこなかった
それが課題として
今　出ている
多くの方は
どうしていいかわからない
X？
Y
B
A
私は性的少数者の方々と
百パーセント同じ立場には
立てないのですが
ストレートの人は
同じ立場に立てません
人生かかっていませんからね
自分はわからないということを
認めればいいと思います
LGBTQ＋の
クリスチャン当事者の
歩むべき道は　当事者が
選択する繊細な課題です
神学的立場はいろいろあります
自分は「この立場が正しい」と
思ってもその神学で
「すべての当事者の善し悪しを
判断する」という姿勢は
支配的です
当事者ではない私たちは
謙虚さをもちましょう
X
B
A

※6 10代の性的少数者の 48％に自殺念慮があり、38％が自傷行為をし、保護者・教職員に相談できない人が 90% を越える（https://bit.ly/3QnuQ4Q）

神様、これってどうなんですか？

性別違和
理解されない苦しみ

沙良さんの場合

沙良さんの場合
神様の愛あふれる環境で育った
ハレルヤ
アーメン
キリスト教ようちえん♡
ランドセルは赤ね！沙良は女の子だから
赤やだよ〜〜
黒がいい 通学帽も男子用のキャップがいい〜
入学前 母に泣いて訴えたが
訴えは却下され赤いランドセルで入学した
特に気が合うのは男の子 一緒にいるのが楽でどこかしっくりきた
学年のみんなと仲良くなって楽しい毎日
俺の教会来てよ！
いく
大好きな神様を知ってほしくて学校の友人たちを何十人も教会に誘った
その何人かは洗礼を受けて今も教会に通っている
神様が自分を愛してくれてるって幼いながらも確信があった
小学五年生の時初めてはっきり自分が罪人なんだと気づいた
その自分のことを神様は愛してくれる
わがまま
神様本当にごめんなさい
悔い改めて信仰告白した
神様の愛をもっと伝えたい！
その頃クラスの涼香のことを好きになった
おはよー
でもソドムとゴモラは同性愛を断罪され滅びた＊1って教会で聞いた
女の子すきなんて
世界でいちばん大好きな神様に自分の存在が許されていない…

※１「ソドムの滅亡」は同性愛の断罪ではなく、「神の道から離れた傲慢、弱者への冷淡さ」などが理由と考える学説も近年増え、解釈が分かれている（参考『LGBTと聖書の福音』アンドリュー・マーリン 著　いのちのことば社、『虹は私たちの間に』山口里子 著　新教出版、『同性愛と新約聖書』小林昭博 著　風塵社など）。沙良さんの性自認（※３）は「男」なので「同性愛」とは違うが、社会でも長年、同性愛と性別違和が混同されてきた歴史がある

男に生まれられたら
よかったのに
勉強ができなくても
何ができなくても
人を好きになる資格さえ
もっていられたら
よかったのに
自分は
ずっと一人なんだ
毎日枕を
ぬらした
学校の楽しい日常の中に　心を
えぐられるようなつらさも満ちていた
女性的な身体を
見られたくなくて
水着は忘れたふり
男女に分けられるのが
すさまじく苦痛
男子は太郎
女子は花子のセリフを
はーい
中学の制服のスカートがつらくて
校長室に単身直談判しに行った
何も
変わらなかった
自分の苦しさを
わかる人が
誰もいなかった
だから高校は私服のところを選んだ
やっと
男子制服が着られる
うれしい！
自分らしくいられる！
制服風の私服
水泳の授業も
男女分けもない
学校でよかった
変わらず涼香のことは好きで
つらかった
他校
けれど神様のことも
変わらず大好きだった
神様と　もっとずっと
一緒にいたくて
神様をもっと知りたくて
キリスト教神学部に
導かれた
そんなある日心理学博士に
沙良さん　あんた
性同一性障がいちゃうん？
えっ
でも「沙良は
違う」って母が…
「性分化疾患※2」と
ごっちゃにしてへんか？
ちゃんと調べてみ
調べてみると
自分が訳もわからず
苦しんでいたことの理由が
すっと腑に落ちた
俺の性自認※3は「男」
それなのに出生時に
割り当てられた性は「女」
だから周囲から
「女」として扱われるたびに
苦しかったんだ
俺は性同一性障がい
（現在の性別違和※4）
だったんだ！
愛情深く俺を育ててくれた母は
「性同一性障がい」を知識として
理解してくれたが
俺の心の苦しさまでは
よくわからず
ソプラノの声で
歌っていた
俺
フムフム
性同一性障害

※2　性分化疾患とは、性分化の過程で、染色体、性腺、内性器や外性器が多くの人とは異なる型をとる疾患群（一般社団法人 日本内分泌学会）　http://www.j-endo.jp/modules/patient/index.php?content_id=85

※3　性自認とは、自分の性をどのように認識しているか、どのような性のアイデンティティ（性同一性）をもっているかを示す概念

※4　p71 エッセイページ参照

女の子の声でこんなに素敵に歌えるんだから やっぱり女の子の部分もあるのよね！
男の声で歌いたいけどこの声しか出ないからこれで歌ってるんだ！
そう言われるならもう一生歌なんか歌わない！
大好きな家族にもアイデンティティーを否定されるつらさ
「性別違和」を公にした時ある人からは「性別違和」ということ自体ないと言われある人からは「それは罪で悔い改めを」と求められた
その人たちに悪気はなく心からの善意だった
苦しい…この苦しさは誰もわからない…
その一方で 神学部で聖書の中心的メッセージに照らして学び続けるうちに神を真剣に求めて生きる者を神ご自身は断罪しておられないということがわかった
自分たちを断罪しているのは神様ではなく人間…
聖書を深く研究し神を愛する教授たちは誰も自分を断罪しなかったむしろ肯定してくれた
素晴らしい学びと一生の信仰の友を得て神学の大学院まで修了
だが神学部の外に一歩出れば 偏見にさらされる
性的少数者はみんな性的に乱れる罪があるでしょ
みんなって
俺も俺の知っている性的少数者たちも純粋に誠実に愛を考えているよ性的放縦には何の関係もないのに…
日常的に続く差別…
自分の苦しみは誰にもわからない そう思って
孤独のどん底に沈んだ時
底にイエス様がいた
「神に見捨てられた」という最大限の苦しみをイエス様は知っていた
この方が俺の苦しみを知っていてくださった
イエスさまー
小さい頃からずっと神様が大好きで今も神様が大好きだ
愛である神様の深さと大きさイエス様の豊かな福音を生き方によって証《あか》ししていくこと
それが今までもこれからも俺の使命だ

参考 『トランスジェンダー入門』周司 あきら 高井 ゆと里 著、『LGBT とハラスメント』神谷悠一 松岡宗嗣 著 共に集英社新書
『LGBT を読み解く クィア・スタディーズ入門』森山至貴 著 ちくま新書、『トランスジェンダー問題』ショーン・フェイ 著 高井 ゆと里 訳 明石書店

沙良さんが心理学博士に言われた「性同一性障がい」ということば。私が初めて聞いたのは、二〇〇一年に放送されたテレビドラマ「三年B組金八先生」。自分の性別に違和感を感じる生徒を上戸彩が演じて話題になった。その前年、埼玉医大の倫理審査で、性同一性障がいの人たちに対する性別適合手術を行うことが倫理的に正しいと認められ、公に治療が行われ始めた。その頃から日本では、「性同一性障がい」が知られるようになった。[*1]

二〇一九年、世界保健機関（WHO）の総会で性同一性障がいと呼ばれていたものは、「病気」や「障がい」ではないと宣言された。国際疾患分類（ICD-11）においては「精神障がい」の分類から除外され「性別不合」へ変更になった。最近は「性別違和」またはトランスジェンダーということばをよく耳にする。トランスジェンダーについては「戸籍上に割り当てられた性」と「性自認（ジェンダーアイデンティティー、性同一性）」が一致しない状態と説明されることもある（トランスジェンダーと性別違和は厳密には同義語ではなく性別違和の程度はさまざま）。その原因はまだはっきりと解明されていないが、胎児期に浴びる性ホルモン（アンドロゲンなど）の量や脳の核の大きさの違いなどの原因が考えられ、世界で研究が進められている。[*1] 性別違和を感じて戸籍の性別の取扱いを変更した人は日本で二〇二二年末までに一万二二七人にのぼる。[*2]

性別違和を感じていても医療機関を訪れる人はそのごく一部。二〇二〇年の報告では自身がトランスジェンダーと誰にも伝えていないと回答した人が六六・三％、伝えた相手は家族一九・八％、職場の人一二・九％、友人三五・九％とわずかだ。[*3] もしかしたら、私の職場や学校、教会にいたかもしれないのだが……。

出生時に外側だけで一方的に決められた性別と自認する性との間で板挟みになり、苦しむ人の存在を私は知らなかった。その人たちは、存在しているが、私が知らないので、いないと思ってしまう。悪気なく言った「性別違和なんてない」ということばが沙良さんの存在を否定しているなんて思ってもいなかった沙良さんの知人のように。自分の偏見が誰かを傷つけていることに気づけない。

沙良さんは、人々に愛され、神の愛を証しする使命をもって生きている。一方で、性別違和を感じながら生きる人の中にはいじめや暴力を受けたり、集団や就労時に排除され貧困に陥り生活基盤が不安定な人々もいる。日常的に否定され、苦しむ人もいる。希死念慮、自殺未遂の調査で性別違和を感じている人とそうでない人との比較では性別違和を感じる人が何倍も多く、[*4] 四割が希死念慮をもったという統計もある。かつて当然だと思っていた男女別の制服や水着は、近年男女共通デザインを採用する学校も増えてきた。当たり前と思っていた仕組みが人の命にかかわるなら、考え直すべきことは、制服以外にもきっとある。

人が作った仕組みゆえに苦しむことがあっても、その人を造った神様はその人を愛している。苦しみを誰よりもイエス様が知っている。孤独のどん底に沈んだと思うとき、その命を、神様は誰よりも慈しみ大切に思い、そばにいてくださるのだ。

（みなみななみ）

神様、これってどうなんですか？

この苦しさをわかる人は誰もいないのか

※１メディカルノート　性同一性障害　大阪医科大学　康純 https://medicalnote.jp/contents/151005-000004-SFQMBC　※２性同一性障害特例法による性別の取扱いの変更数調査（2022年版）https://gid.jp/research/research0001/research2023101001/　※３厚生労働省委託事業　職場におけるダイバーシティ推進事業報告書 https://www.mhlw.go.jp/content/000673032.pdf　※４　【問19】希死念慮・自殺未遂（トランスジェンダーとの比較）https://osaka-chosa.jp/health.html

神様、これってどうなんですか？

同性愛のクリスチャンって存在するの？

LGBT

ななみの思い込みの変遷

前回に続き、性的少数者の方々と共に礼拝していくことを考える過程で、今回はその妨げとなる著者自身のこれまでの思い込みを再考してみました

以下の漫画では著者が自らの偏見について考え、改める過程で性的少数者の方々への誤った認識を含め差別的な表現も含まれています
読んでストレスを感じる場合もありますので、読み進めるかどうかご自身の判断でお願いします
一九七〇年代
男女の伝統的なあり方に沿わない人たちはテレビでしか見たことがなかったテレビでは特別に美しかったり面白かったりで
あれは男なんだよ
彼らは見るからに自分とは違う世界の特別な人たち…
と思い込んでいた
一九八〇年代
ある日　職場の信頼できる先輩がゲイ（同性愛者）だと知った
え！　ゲイ？
さりげなく仕事いつも助けてくれた
みんなに親切
とてもいい人で　服装も話し方もどこにでもいる青年だった
ゲイであることにびっくりしたのは自分の描いていたゲイのイメージが現実だと思い込んで疑いもしなかったからだ
ぜんぜんちがうじゃん
聖書的に同性愛は罪だ
と思っていたため先輩にキリスト教の話をできなかった
クリスチャンで同性愛の人はいない
と思い込んでいた
一九九〇年代
アメリカの福音派キリスト教大学に留学チャペルでは
かつてゲイだったがやめて神様に仕えている
という話を何人かから聞いた
同性愛ってやめられるんだ…
と思った
同性とつきあうのをやめた今も心の中では葛藤が続き　悲しい
と語っていた人もいた
今思えば九〇年代はアメリカで脱同性愛《エックスゲイ》運動（六五ページ参照）が盛んだった頃で
野外広告
change
あなたも変われる
X-gayミニスト

参考『LGBT と聖書の福音 それは罪か、選択の自由か』アンドリュー・マーリン著 岡谷和作訳（いのちのことば社）、『LGBT とキリスト教 20 人のストーリー』平良愛香 監修（日本キリスト教団出版局）、『からふるな仲間たち 5』（マイノリティー宣教センター　発行）、“Torn: Rescuing the Gospel from the Gays-vs.-Christians Debate” by Justin Lee（Jericho Book）、“God and the Gay Christian: The Biblical Case in Support of Same-Sex Relationships” by Matthew Vines（Convergent Books）

その運動の
おもな団体が
のちに「性指向は
変えられなかった」と
認め　幕を閉じることを
当時は知らなかった
CNN
団体は解散しました
傷つけた方々に謝罪します
←一般メディアにも出て謝っていた
二〇二〇年代
その後　さまざまな人の
話を聞き　本も読み
クリスチャンにも
いろいろな性指向の人が
いることを当事者自身の
ことばで知った
ある人たちの体験は
共通していた…
God and Gay Christian
TORN
LGBTとキリスト教 20人のストーリー
LGBTと聖書の福音
クリスチャンで同性愛
ゲイクリスチャン
良い家族に恵まれ
幸せに育ってきた
神様のために
生きることを
喜びとしていた
聖書を愛し
教会の青年会や
学内のクリスチャン
サークルでも活躍…
ハレルヤー
でも自分が性的に
魅力を感じるのは
いつも同性…
異性とは
親しくなっても
親友としか思えない
まさか自分はゲイ？
「同性愛は罪だ」と
信じてきた
こんな気持ちはいらない
自分の秘密は　家族にも
教会にも誰にも言えない
言ったら両親を悲しませる…
クリスチャンホーム
「同性愛者は
性的に乱れている」と
聞いていたけど
そんなのとんでもないし
自分は性的な関係を
もったこともないし
神様を悲しませることを
したくない
「ゲイが性的にみんな乱れている」なら
自分はそれじゃない…
じゃ自分はなんなんだ?!
「同性に魅力を感じる気持ち」
を取り去ってほしいと
何年も真剣に
祈っても
なくならなかった
神にできないことはないのに
なんで祈りはきかれないのか
自分は同性愛者でクリスチャン
そんな人はいない
ゲイをやめろ
聖書を読みなさい
それは　罪だ
と言われても
性指向は
変えたくても
変えられ
ないのに…
こういう当事者のことばに触れ
まさに自分の思い込みが
それだったと知った
「聖書的に同性愛は罪」と
疑問ももたず思っていた
でも　実はきちんと
調べたことはなかった
書籍化
今　同性愛と聖書について
何冊かの分厚い本を読み
ネット配信で講義を聞き
聖書が本当はどう
言っているのか学んでいる
すると　同性愛に関する
聖書の釈義や解釈には
異なる立場の意見、議論が
あることを知り始めた
まだやっとスタートラインに
立ったばかりだ
LGBTQ—聖書は
そう言っているのか？
講師　藤本 満
(Grace online)
キリスト教と同性愛：1～14世紀西欧のゲイ・ピープル　ジョン・ボズウェル　著
キリスト教は同性愛を受け入れられるか　ジェフリー・S・サイカー　編
同性愛と新約聖書　小林昭博　著
虹は私たちの間に　山口里子　著
しかし日本語の本は少なく
古本になるとさらに激高価…

『キリスト教と同性愛：1～14 世紀西欧のゲイ・ピープル』ジョン・ボズウェル著 大越愛子、下田立行訳（国文社）
『キリスト教は同性愛を受け入れられるか』ジェフリー・S・サイカー編 森本あんり訳（日本キリスト教団出版局）
『同性愛と新約聖書』小林昭博著（風塵社）、『虹は私たちの間に：性と生の正義に向けて』山口里子著　（新教出版社）
『LGBTQ―聖書はそう言っているのか？』藤本満著　（イクスス e ブックス）

神様、これってどうなんですか？

寄留者に対し、この国ってどうですか？ 1

外国籍の方の支援団体を訪ねて

ある教会で外国籍の方の支援をしているチームにお話を伺った
在留資格のない方々を支援しています
ビザがない？ つまり不法滞在者を支援？
「不法」ではなく「非正規」や「未登録」と呼ぶべきです
どうしてですか？
「在留資格がないこと＝（イコール）犯罪者」ではありません
運転免許をうっかり失効した人 スピード違反や駐車違反をした人を犯罪者扱いは通常しませんよね
道路交通法違反キップなら何枚ももらったわ…
国連やILO（国際労働機関）欧米の議会、AP通信などのメディアでも「非正規」「未登録、書類のない」といった表現が一般的です
irregular
undocumented
ではなぜ日本ではみんな「不法」と…
在留資格のない外国人は法を犯していると強調することで危険な存在だというイメージを浸透させ外国人を排除させる…一種の国のプロパガンダです
『…「不法」とみなす認識は、外見や民族、宗教などが異なる人にたいする不信感や差別意識を助長し、人種差別や排外主義へイトクライムを引き起こしたり、社会の分断を深める危険もあります。』（移住連ホームページ参照※1）
収容者の方々と面会してことばを交わすと、隣人のように身近に感じてきます
支援活動では出入国在留管理庁の収容施設に通い収監されている人々と面談を行っています
Aさん（A国）の場合
クリスチャンです
就労ビザで日本に来たがコロナで仕事がなくなった
大金を借りて来たため返済せずには帰れず
母国に戻っても住む場所もないため帰れずにいたら
ビザが切れオーバーステイで警察につかまりそこから入管収容施設に来て三年…

※１ 特定非営利活動法人 移住者と連帯する全国ネットワーク
在留資格のない移民・難民を不法と呼ばず非正規や無登録と呼ぶ https://migrants.jp/news/others/230601.html

彼は仮放免の許可は出たのですが保証金がないため出られません
「仮放免」って何ですか？
一時的に収容を停止し例外的に身柄の拘束を解く制度です
就労や国内の移動に制限があります
働いてはいけないとするとどうやって生きていけば？
生きていけないから早く帰国せよという脅しですね…
Bさん（B国）
クリスチャンです
母国では反政府デモに参加
クリスチャンであることも命の危険となり
日本に来たけれど
ビザがなく　捕まりここへ
胸と胃に痛みがあり何も食べられず六キロやせました
この英語の信仰書読みますか？差し入れますね
Jesus
ありがとうございます
ふらふら
よろよろ
面会後　総務課へ
Bさんを外の病院に連れていき専門の治療を受けさせてください
申し送りします
Cさん（C国）
私はCさんの国に駐在していたのでC国語も少し話せます
よく
こんなことがあり…
懐かしいです～
私は四歳の時に日本に連れてこられたのでC国語もC国のことも知りません
家族は両親も弟も日本にいます
弟たちは日本で生まれ在留資格がありますが自分にはなく
もう四年収容されています
この英語の信仰書読みますか
いや、日本語しか読めないんで…
Jesus
Cさんがもし強制送還されC国へ帰国？　しても
家族もいないしことばもわからないのか…
うーむ

Dさん（D国）のここ数年間の出来事
三十年以上前に来日し 日本で働き クリスチャンになりました その後　帰国したけれど クリスチャンだと言うと 母国では
仕事につけない のはもちろん 信仰ゆえの迫害で 命の危険さえあり 再来日しました
しかしビザがなく 入管収容施設に…
四年以上の 収監生活で 病気になり 食事もできず やせていき 体力も失い　歩くことも できなくなった
しかし 治療もなく 持病の薬も 与えられなかった
治療してください 薬をください
薬はやらない 日本の税金を 外国人のために 無駄遣いできない D国へ帰れ
職員のことばに 目を閉じてじっと 耐えようと したが
目と口を こじあけられ
お前の命も 人生も 私の手の中にあるのだ
精神的に 追いつめられ 絶望的な状況の中で 無意識のうちに 器物損壊をしてしまい
起訴され　裁判で実刑となって 刑務所に移送された
拘留中は 自分の不信仰を 心から悔いた 聖書を毎日読み みことばを書き 祈った
その頃、Dさんは弱り果て 手紙には 「自分が死んだら葬儀は…」 などと 書かれていて 深刻な状況でしたので
刑務所から 入管収容施設に 戻ったDさんのため 教会で仮放免に必要な 住居の準備などを行い 申請しました　すると
奇跡的に 仮放免されました

私は弱い人間です
本当に死にそうになったけれど
死ななかった
今も生きている
神様が導いてくださった
いつまた収監されるかわからないけれど
今は平安があります
中にいても外にいても神様は一緒だから…
現在は支援を受けながら生活し教会で奉仕をし二度目の難民申請中です
○○教会
神様は耐えることのできない試練を与えない…
重荷を負った人をイエス様は休ませてくださる
Dさんは仮放免で出られてよかった…
でも入管収容施設の中でBさんもDさんも病気になっても充分な治療もしてもらえないなんて…
そういえば数年前スリランカ女性が入管収容施設内で適切な治療を受けられず亡くなったというニュースがありましたね
ウイシュマさん
収監中に亡くなった方はウィシュマさんだけではありません　死亡者が毎年のようにいます　一九九七年以降でも二十二人います
ええっ　そんなに？
自殺未遂を行った人はさらに多く二〇二〇年※2の一年間だけで六十八名
国の施設で？「未登録」なだけで？
信仰のゆえに命の危険がある国から逃れてきた人だっているのに？
外国籍の方々を在留資格がないということで過剰に抑圧している実態がこの国にはあります
さらに難民申請率の低さや入管法改訂案の問題
外国籍をもつ私たちの隣人について主イエスならどう考えるか…
次号もこの問題について続きます

※2『入管問題とは何か』(鈴木江理子・児玉晃一 編著　明石書店)22ページ表2参照。この表は法務省資料に基づき、2006〜2020年までの入管収容施設内の自殺未遂件数を著者が独自にまとめたもの。自殺未遂者の人数は各年により異なり、最少は2006年の17人。最多は2020年の68人。2008年の人数が不明なため、14年間の平均は44人。その他、数字には表れないが、自殺行為に至らずとも希死念慮を抱く収容者は、この何倍もいると推測される

神様、これってどうなんですか？

寄留者に対し、この国ってどうですか？２

外国籍の方の支援団体を訪ねて

前回に続き ある教会で 外国籍の方を 支援している チームから 聞いた話の数々
在留資格がないのに 日本にいるのは どんな人ですか？
たとえば 母国では政治、宗教、民族、戦争などの理由で 命の危険があり 日本に逃れてきたが 難民と認められず 今も申請中の人
そのような状態の 非正規滞在の親のもと 日本で生まれ育った 仮放免※1の子どもたち
特定の就労ビザで来日後 そのビザに見合う会社が倒産 次の仕事が見つからず オーバーステイ
閉店
留学して日本語学校で 学んでいたがコロナ禍で バイト収入がなくなって 学費が払えなくなり 退学を 余儀なくされ 留学ビザの資格を失った人
VISA
来日するためブローカーに 多額の手数料を 支払い 多くの負債を 作って来たので帰れない人
就労ビザなどで 日本に滞在中に結婚 就労ビザが切れ 配偶者ビザを申請するが 認められず それでも 家族と離れたくない人…
奴隷のように働かされ 何の技能も学べず、パスポートも取り上げられ 虐待され あまりの 過酷な生活環境に 耐えかねて逃亡する 技能実習生※2
悪徳ブローカーによって 法外な借金を負った彼らの 借金返済能力の査定もせずに 入国だけ許可し
コンビニなどで 日本の市場や 経済を支えている彼らを
利用するだけ利用して 後は使い捨てにしている 日本社会の 現実があります
救済相談先を備えずに、自己責任で何とかしろ というのは、人間として でなくモノ（労働力商品）として扱っているからです

※１ 一時的に収容を停止し、例外的に身柄の拘束を解く制度。仮放免後も 就労や移動の制限などがある
※２「技能実習制度」は2024年の国会で「育成就労」と名称が変更された

日本の社会が成熟していないんです
国外退去命令が出た人の約九七％は帰国しています日本に残れば、収容されるか仮放免になっても実質生存権が認められません（就労不可、住民票もなし、移動制限あり、医療保険も使えない）それでも帰国しないのは帰国できない事情があるからです
二〇二四年六月十日から施行の改定入管法では「三回難民申請して却下されたら強制送還が可能」になった
改定入管法
・3回難民申請
却下→強制送還
可に
これまでは強制送還はなかったんですね？
難民認定申請中は強制送還の停止というノン・ルフールマン原則（迫害を受ける恐れがある地域へ難民を送り返すことを禁じる原則）があり国際法である難民条約※3にも規定されていますから
non-refoulement
でもこれからは母国では迫害の危険がある人も送還…
かも
そもそも日本では難民の審査や認定自体に問題があります
日本の難民認定率は極端に低く、ずっと一％以下でした二〇二三年二％と増えたが※4申請者の九八％は難民と認められません
同じ国から欧州に避難した家族は難民認定されたのに日本では却下されるケースもあります
2022年の難民認定率
20.9％ 46787人 独
45.7％ 46629人 米
20.9％ 41681人 仏
59.2％ 30598人 カナダ
68.6％ 18551人 英
13.9％ 7193 伊
2％ 202人 日本
日本の場合出入国在留管理庁自体もともと移民を管理、排除するために作られた組織なので排除に重点がおかれて
戦前の治安維持、追放取りしまりからの…
難民を保護するという視点が欠落しています

※3 日本は1981年に難民条約に加入　※4 ミャンマー・アフガニスタンの難民認定がおもな増加理由

※5 いかなる理由があろうと滞在資格のない者を収容するという方針
※6 brastel card といい、コンビニなどで外部から料金を補充できる
※7 国家人権機関は、1993 年に国連総会全会一致で採択された「国家人権機関の地位に関する原則」（通称、パリ原則）に基づいて設置されている

このほか　入管法には
支援者を監視役にするような
「監理措置制度」の問題点
さらに
入管庁の裁量により
場合によっては永住権を
取り消す法案など…※8
問題がありすぎて
書ききれなかった
聖書の中で「寄留者」
ということばが出てくるのは
七十四回
その多くは寄留者を
「虐げてはならない」
「苦しめてはならない」
という権利擁護と
警告です
（出エジプト：22章21節、23章12節、
レビ記；19章10節、34節、23章22節、
申命記；10章18、19節、14章29節、
24章17節、19節、26章12節、
詩篇；146篇9節、　イザヤ書14章1節、
エレミヤ書22章3節、
エゼキエル書22章29節、
マラキ書3章5節
虐《いた》げてはならない
苦しめてはならない
エレミヤ書　七章五、六節
「…あなたがたの間で
公正を行い、寄留者、孤児、
やもめを虐げず、咎《とが》なき者の
血をこの場所で流さ…」ないならば
国を滅ぼさないと
神様は言ったけど
結局イスラエルの罪はさばかれ
バビロン捕囚…
日本の国は？　社会は？
寄留者を虐げていないか？
咎なき者の血を
流していない？
神様がこれほど嫌う罪を
公然と行っていていいの？
とはいえ支援活動って
大変そうです…
なぜ始められたのですか？
入管施設に
面会とか遠くて
私には無理そう
私は海外で働いていた時
在留外国人として
大切にしていただいた
経験があるので
日本では　外国人の生活上の
問題などで何か
できることがあれば
したいと思っていました
関心をもつだけでもいいですし
すでに活動している人や
団体を応援する方法もあります
・牛久入管収容所問題を考える会
・SYI 収容者友人有志一同
・BOND　外国人労働者・難民と共に歩む会
・AMIGOS 北関東医療相談会（長澤正隆　助祭）
・難民医療支援会プレシオン（阿部頼義　牧師）
・PRAJ 仮放免者の会
・移住者と連帯する全国ネットワーク（移住連）
・難民支援協会（JAR）
・アジア福祉教育財団　難民事業本部（RHQ）
・アルペなんみんセンター
・with Elizabeth（エリザベスとともに）
・外国人住民基本法の制定を求める
全国キリスト教連絡協議会（外キ協）
・カトリック大阪高松大司教区
社会活動センターシナピス
・マイノリティ宣教センター
多くのクリスチャンたちが
面会活動をはじめ
仮放免中の人々を
支援しています
教会はそもそも
人種や国籍に関係なく
神様のもとに集まる場所です
虐げられて
在留している人に
手を差し伸べるのは
神様のみこころです
祈っていきましょうね

※8 2024年6月14日、国会で可決成立
参考「非正規滞在外国人の入管問題とキリスト教福祉実践Ⅰ―収容問題に焦点をあてて」 井上貴詞 著（キリストと世界 第34号）

神様、これってどうなんですか？

ドイツ・キリスト教の歴史から何を学ぶ？

『ナチス第三帝国へのキリスト教的抵抗』、『「バルメン宣言」を読む』、『検証　ナチスは「良いこと」もしたのか』より

『ナチス第三帝国へのキリスト教的抵抗』※1
『「バルメン宣言」を読む』※2
『検証 ナチスは「良いこと」もしたのか』※3
を読む
ひとり読書会…
「バルメン宣言」を読む
ドイツ史も神学も知らないのにこの企画（無謀）なので
間違いがあれば教えてください
二十世紀初めドイツにナチズムという大きな革命運動があり
政治 メディア 教育などを巻き込んでいった
NSDAP
※1 p 9参照
そもそもナチズムって？
ナチズムは国民・民族共同体として民族を優先し「調和」し「団結」する運動
勤勉に働くドイツ人の「民族同胞」と認められれば出身や階級に関係なく等しく国が支援するとうたった
ナチのポスター
ナチ党は民族共同体を保護します
※3 参照
これだけ聞くと良いような…？
一方「民族同胞」に入れられなかった
ユダヤ人
ロマ（ジプシー）
共産主義者
同性愛者
障がい者らは「共同体の敵」とされた
ユダヤ人は「邪悪な人種」として公職追放、医師、弁護士資格剥奪
一九三八年十一月九日夜から十日未明
ドイツ各地でナチス突撃隊の扇動でユダヤ人の施設や商店が襲撃され大勢が殺害・暴行される
この日は「水晶の夜」と呼ばれユダヤ人迫害に拍車をかけるきっかけとなった
ナチズムの特徴の一つが優生思想
当時はやりの「優生学」で「生きるに値しない者」とみなされた遺伝病患者、障がい者、精神病患者への不妊手術は四十万件に上った
一九三九年にはヒトラーと官邸職員内部の秘密の企てで「T4」と呼ばれる安楽死命令が発令された
障がい者、病人、精神病患者二十万人が安楽死施設の毒ガスで殺され その後
※1 p66 参照
安楽死施設のあったハルトハイム城

※１『ナチス第三帝国へのキリスト教的抵抗　カトリックとプロテスタント』ハンス・マイアー 著、河島幸夫 編訳（いのちのことば社）
※２『増補改訂「バルメン宣言」を読む　告白に生きる信仰』朝岡 勝 著（いのちのことば社）
※３『検証 ナチスは「良いこと」もしたのか？』小野寺 拓也・田野 大輔 著（岩波ブックレット）

安楽死「T4」作戦で使った毒ガスをユダヤ人の大量虐殺に転用
一九四五年までに六百万人を殺害
「生きるに値しない」って何？

そんな判断する権利人間にないよ！

神様が命を与えた大切な人々に！

なんてひどい！

と　今なら言えるが当時ドイツにいたら大声で言えただろうか？

一九三〇年ごろからナチス的プロテスタント集団「ドイツ的キリスト者」（DC）があらわれ
※1 p13 参照
ナチズムとキリスト教の一致！
Deutschen
ドイツ的キリスト者
Christen
受難のイエスの代わりに英雄的イエスを！
ゲルマン民族がいちばん優れている！
教会からユダヤ人と旧約聖書を排除！
無能者 低価値者は差別！
※1 p60 参照
え？　何？

神様が「高価で尊い」と言う人たちに対して？

無能者って？

低価値者って？

何言ってんの？

旧約聖書とユダヤ人排除？

旧約の預言をすべて成就してきたキリストだよ？

イエス様そもそもユダヤ人だよ？

変だよ！

おかしいよ！

DC！

受難のキリストがいなければもはやキリスト教じゃないじゃん⁉

と　今なら言えるのだが当時ドイツにいたら…（以下略）

このDC「ドイツ的キリスト者」は　ヒトラーの支援を受け　全国で運動を広げ　各地の教会の指導部を支配し
多くの教会からユダヤ人がいなくなった
※1 p60 参照
D C
信仰運動
Glaubensbewegung
ドイツ的
Deutsche
Christen
キリスト者
教会堂にはナチスの旗が掲揚され
イエス・キリストと並べてヒトラーへの忠誠を誓い
聖書と並べて民族や国家に服従していった
※2 p62 参照

DCは
神の啓示は聖書のみならずドイツの民族性や歴史…政治状況と指導者であるヒトラーを通しても示される！
と主張していた
人間の言うことを啓示として聖書と並べるってふつうにおかしいじゃんと思うがこういう人は私の身近にもいるんだよな～ とほほ
○○さんが神様に示されたと言ったのよ！ ○○さんは神様に選ばれた人だから！
いやいやいやそれ聖書に書いてないけど…
さらに当時ドイツの信仰の主流だったルター派神学の
Martin Luther 1483-1546
神学者たちが一九三四年に発表した勧告※4は
あの、宗教改革したルターの流れをくむルター派ね…
ナチス国家において「良き統治」を備えた神に感謝する
今の政治的現実は神の創造の秩序である
主なる神がわが民族に「敬虔《けいけん》かつ誠実な上司」としてこの指導者「ヒトラー」を贈り給うたことを…感謝する
※2 p65 参照
この神学が主流となりナチス国家に従うことが良きドイツ人キリスト者のあり方と考える人々がかなりの数いた
ルターって「聖書のみ」「信仰のみ」を教えたんじゃなかったの？どうしたんだルター派よ…
ヒトラーに感謝ってやばすぎじゃんか！
「人はみな、上に立つ権威に従うべき」（ローマ13・1、2参照）に立ち権威に従ってきた教会の長い歴史もこの考えを後押しした
そこでこのみことば出されると困るよね…
「権威に従うのはみこころだ！ 聖書に書いてある」って言われると思考がフリーズしそう
※1 p18 参照
当時 国はナチズム一色でその流れにみんな流されていて批判的に考えるのが難しかったしちょっとでもナチスを批判すれば抵抗とみなされ処罰された
今ならそんなのおかしいと批判できるが当時ドイツにいたら…（以下略）

※4 アンスバッハの勧告：「バルメン宣言」への神学的批判

ルター派が勧告を出すきっかけとなったのが、一九三四年五月に
ユダヤ人牧師や信者を教会から追放するなんて…
DCの動きは信仰告白する者にとって非常事態だ！
聖書のみ！キリストのみ！からブレちゃだめだ！
という牧師たちがバルメンに集まってまとめた「バルメン宣言」※5
カール・バルト ハンス・アスムッセン など
よかったわ 思考がフリーズもせず潮流に流されずちゃんと判断できるクリスチャンが当時もいたのね…
「バルメン宣言」には神学の説明が…とても漫画にまとめられないので詳しくは この本を！
「バルメン宣言」を読む
バルメン宣言より第一項だけ 引用
「わたしは道であり、真理であり、命である。だれでもわたしによらないでは、父のみもとに行くことはできない」（ヨハネ一四・六）
「よくよくあなたがたに言っておく。わたしは羊の門である。わたしよりも前にきた人は、みな盗人であり、強盗である。…わたしは門である。わたしをとおってはいる者は救われ…る」（ヨハネ一〇・七～九）
「聖書において我々に証《あか》しされているイエス・キリストは、我々が聞くべき、また我々が生と死において信頼し服従すべき神の唯一の御言葉《みことば》である。
教会が…
この神の唯一の御言葉のほかに、またそれと並んで、さらに他の出来事や力、現象や真理を、神の啓示として承認し得るとか、承認しなければならないなどという誤った教えを、我々は斥《しりぞ》ける。」
※2 p10 参照
最初にこれを読んだ時は
え？ 当たり前じゃん？ わざわざ宣言すること？
と思ったのだが当時のドイツの状況を知れば知るほど
「当たり前」の信仰がナチスへの抵抗とされて牧師、信者が処罰を受けていた、その時代にこの宣言はどれほど貴重だったことか…
ほかにも 牧師の抵抗運動がT4作戦を廃止に向かわせたこと
神に従いそれぞれのかたちで抵抗したキリスト者がいたことはこの本で知ったけれど
時代の流れで信仰もおびやかされると思うと全体主義は恐ろしいです…
ナチス第三帝国へのキリスト教的抵抗
じゃあ第二次世界大戦下で日本の教会はどうだったんだろ～
…次回 戦時中の日本へ

※5 正式名称は「ドイツ福音主義教会の今日の状況に関する神学的宣言」

神様、これってどうなんですか？

日本のキリスト教近代史から何を学ぶ？

『「バルメン宣言」を読む』、『それでも主の民として』
『日本宣教と天皇制』、『タイムっち』より

『「バルメン宣言」を読む』※1
『それでも主の民として』※2
『日本宣教と天皇制』※3
『タイムっち』※4
を読むひとり読書会…
日本史も神学も知らないのにこの企画（無謀）なので
間違いがあれば教えてください
江戸時代までは多くのキリシタンが迫害され殉教した
明治維新後もしばらくは禁令高札が残っていてキリスト教は「邪教」と思われていた
明治維新で大日本帝国憲法ができ「信教の自由」が保証されたおかげでキリスト教が邪教扱いされなくなった
それと同時に日本の近代化は「天皇制」を精神的支柱として進められた
天皇を「神」「現人神《あらひとがみ》」とする政策は軍隊で「軍人勅語」学校で「教育勅語」により人心に刻まれ日本精神とされていった
「天皇は神聖ニシテ侵スベカラズ」という大日本帝国条文も人々の心に浸透していった
日清日露戦争があり軍国化が進み　軍や学校で天皇の「臣民」としての教育が広がっていく
天皇を頂点とし伊勢神宮を組織上の頂点とする全国の神社を「国家神道」とするのも天皇制の一部で神社参拝はよき日本国民として当然のことと教えられていった
一九二九年（昭和四年）岐阜県にある大垣市中《なか》小学校
生徒たちが神社参拝に連れて行かれた
美濃ミッション（聖書信仰に立つ福音派）の教会員の子たち四人が
早退したいです
と言って二人は許可され
一人は教師に鳥居まで連れて行かれ
もう一人、トヨは
なぜ早退したいのか
神社参拝できません
と答えたが、参拝を強要された

参考文献　※１『増補改訂「バルメン宣言」を読む 告白に生きる信仰』　朝岡勝 著（いのちのことば社）
※２『それでも主の民として』　岩崎孝志　石黒イサク　久米三千雄　登家勝也　山口陽一 著　信州夏期宣教講座 編（いのちのことば社）
※３『日本宣教と天皇制』　櫻井圀郎　石黒イサク　上中栄　瀧浦滋 著（いのちのことば社）
※４『マンガで読む日本キリスト教史 タイムっち』　岡田明 著　みなみななみ イラスト（キリスト新聞社）

震災孤児だったトヨを引き取った美濃ミッション創設者ワイドナーが学校へ
なぜ娘の早退を認めてくれないのですか
神社参拝は日本の憲法で保証している宗教の自由を妨害するものです…
伝道師 野原勘由
ワイドナーさん当たり前の主張だよね～
と今ならふつうに思うのだが
校長は
学校は日本国民を養成するための教育機関…
神社参拝せずば国民教育が破壊されるおそれがある
顔は想像
国民教育が破壊ってなに？？
クリスチャンの子が神社参拝したくないって思うのふつうだよね？学校がおかしい
と今なら思うが当時はそうではなかったようで
学校は問題を市議会まで広げ「非国民思想を押しつける重大事件」と一九三〇年（昭和五年）美濃大正新聞で連日書き立てた
美濃大正新聞
小学児童の神社参拝を拒否
幼児に反国家思想を由々しき一大事
国民思想を根底から覆す大垣市会の問題となる
ワイドナーが学校に怒鳴り込んだ脅迫した
威圧的なのは校長のほうだったのだが
新聞には美濃ミッションに対して批判のことばが次々掲載されたがキリスト教徒からの批判もあった
日本基督教会大垣教会員 安八農学校校長 佐藤信夫は
…神社の参拝に反対する必要はない…キリスト教は決してそんなに狭い範囲に限定されたものではなかろうと思います…宅はやはり大神宮様をお祀《まつ》りし朝夕礼拝しております
ワイドナーは迷惑千万
顔は想像
美濃大正
大神宮って天照大神《あまてらすおおかみ》を祀る伊勢の皇大神宮ですよね…
ええぇ？？？この人ほんとにキリスト教徒？？？
キリスト教と国体思想※5はなんら違反するものではない
聖書を一字一句信ずべしと言うものはユダヤ教か美濃ミッション一派のみであろう

※5 国体思想　万世一系、永久不滅の天皇によって統治される日本国の優秀性を唱える思想。天皇と国家への忠誠を絶対視する

え？ 神社参拝を勧める国体思想と明らかに反するでしょ？ いやむしろ聖書を一字一句信じるのがキリスト教なのでは？
と今ならわかるが当時は…（略）
美濃ミッションは自分たちだけの問題ではなくキリスト教徒みんなの問題だと訴えたが
全国キリスト教徒に告ぐ
これは宗教の自由の危機ですから一致団結しましょう
一九三三年十月五日
美濃ミッション
キリスト教会や個人からワイドナーへ応援の手紙や祈りでの応答はあったが一致団結には至らず
ほとんどの教派は「神社参拝は宗教行事でなく学校行事で国民儀礼」としていた
日本の教会指導者たちも神社参拝を受け入れていた
キリスト者である以前に良き臣民であろう！ 神社は宗教であらず！
キリスト教のえらい人たち（想像図）
いやいや神社宗教でしょ！
と今ならわかるが当時は…（略）
この三年後にも伊勢神宮参拝拒否をした美濃ミッションの小学生たちがいたが 彼らは小学校出席停止命令を出されたり停学、退校、放校の脅迫を交えた「教育指導」を受けた
出席停止
停学
放校
小学生なのに出席停止って〜〜ひどい
一九三二年（昭和七年）靖国神社で「英霊」への参拝を拒否したカトリックの上智大生がいたが
靖国の英霊を拝まないとはどういうことだ
ヤソは非国民だ
戦で命果てようともその魂は靖国で護国の英霊となっているのだぞ！
戦争で死んだ人を神様にして祀っている靖国神社 その参拝拒否はけしからんということで このあと軍は上智大学から軍人引き上げをちらつかせる
当時大学では軍人が教える「教練」という科目があったのだが もし「教練」がなくなると 学生が兵役短縮の特典を失ってしまうことになったんだ
歴史にくわしい ←Aさん
そーなんですか

こうなると
対応を迫られた
カトリックの東京教区長が
神社参拝は宗教行為ではないのですね？
と文部省に問い合わせ
文部省・・
神社参拝は宗教ではなく忠誠心の表現…いかなる……理由でも参拝を拒否できない
との返事で
カトリック教会も神社参拝を受け入れていった
当時　教会の礼拝では「君が代」斉唱と「宮城遥拝」（皇居の方向に向かって拝礼すること）が当たり前のように行われていた
・祈祷
・君が代
・宮城遥拝
。。。教会
もう日本中で…
一九四〇年
全国基督教信徒大会
（会場　青山学院）
開会宣言に続き
君が代斉唱
宮城遥拝
皇居の方向
皇紀 2600 年の祝い
（神武天皇即位）
二千六百年の昔に神武のみかどが大和の国をはじめ皇国の基をすえたまいしことを感謝したてまつる…まことにあなたの息子息女となることを得しめ給え
今泉真幸
神武天皇って日本神話の「天照大神の子孫」？しかも天皇の子どもになれますように？？どの神様に祈ってるの〜？？？
一方再臨信仰に固く立っていたホーリネス系教会
イエスキリストが地上唯一の王となられる
一九四〇年に九十六名が治安維持法で検挙された
国体を否定する事項を流布する結社だ！検挙する！
特高
ホーリネス以外の教会は、国との摩擦を恐れてキリストの地上再臨の教理を放棄し「天皇の永久統治」の思想の前に沈黙してしまった
イエス様の再臨信じるのやめたの？？
特高警察資料によれば「ホーリネス以外の教会は聖書を精神的霊的に解釈しているから天皇の統治と衝突しない」としている
ほかの教会はもんだいなし
当時は天皇制に迎合した神学も展開していた
八紘一宇《はっこういちう》（世界を天皇を父とする一つの家に統一すること）はキリスト教の基本信念
八紘一宇
キリストの血は殉国（国のために命を犠牲にすること）する将兵が流す血の予表
大東亜共栄圏の建設はキリスト教の神の国建設
そんな神学、聖書のどこに？キリストの血の意味って〜？？？
大東亜共栄圏の建設って、アジアの隣国に膨大な被害をもたらしたヤツ？？？
もういろいろ残念すぎる〜〜〜

神様、これってどうなんですか？

日本の教会と韓国の歴史について知らなすぎた

結城晋次牧師を訪ねて

前回は、かつて日本のキリスト教徒も神社参拝をしていた件でしたが それが 国内に収まらず、他国にまで強制したという残念な事実に目を向けます
まず ざっくら
日韓のれきしから…
一九一〇年※1（明治四三年）日本は韓国を併合し植民地化した
「韓国」ではなく「朝鮮」と呼ぶようになった
朝鮮半島全体の政治や軍事・行政のすべてを大日本帝国の統治下に置いた
「植民地化」と言われてもピンとこないけれど
日本はいろんな方法で朝鮮を支配していて
その一つは
学校では日本語を使え！
あいうえお
日本語の強制や
宮城遥拝（皇居に向かい最敬礼）
神社参拝の強制などの「皇民化政策」
皇居の方向
もちろん そんな強制に抵抗し朝鮮の言語や文化を守ろうとした人々はいて
一九一九年 韓国で大日本帝国支配からの独立を訴える三・一運動が起こった
堤岩里《ていがんり》のキリスト教会に二十九人が閉じ込められ日本軍によって殺される
堤岩里《ちぇあむり》教会事件も起きた
結局 三・一運動は武力による鎮圧で終わり
植民地支配と「皇民化」はその後も続く…
一九三〇年代に入ると日本の軍国主義の強まりとともに皇民化政策である神社参拝の強要も強まった
さて 突然ですが はじめまして 結城晋次先生
日本と韓国のキリスト教のことを調べ祈り、韓国語も学び韓国へも何回も行かれたそうですが
みなみです
お話きかせてください
戦時中の日本のキリスト教会のことは国内で聞くだけではわからず 外部から調べたかったのです

※1 当時の正式名称は大韓帝国。「韓国」「大韓」とも言われた

※2 参考資料『敬虔に威厳をもって』 丸山忠孝　津村俊夫　山口陽一　渡辺信夫　結城晋次　渡部敬直 共著（いのちのことば社）『韓国強制併合から100年』信州夏期宣教講座編　岩崎孝志　野寺博文　笹川紀勝　結城晋次 共著（いのちのことば社）『日本伝道170年「歴史の過去と将来」』 結城晋次 著（自費出版）

※3 皇国臣民ノ誓詞（こうこくしんみんのせいし）：1937年（昭和12年）10月2日に朝鮮で発布された文章。皇国臣民としての自覚を促すべく朝鮮総督府学務局嘱託の李覚鐘が考案し、当時の朝鮮総督・南次郎が決裁したものである

朱牧師は その後も
神社参拝を拒否し
五度 刑務所に入れられ
一九四四年に
平壌刑務所で死亡した
終戦後
韓国のキリスト教会は
神社参拝に妥協した教会と
抵抗した教会とが
対立 分裂し
神社問題の
傷跡は後々まで残った
再び結城家
ということですが… 朱基徹牧師について 結城先生は 前から 知っておられたんですか?
一九八五年に韓国を 初めて訪れた時 朱牧師について 知りました
殉教した朱牧師を 韓国では 知らない人がいないのに 日本の教会では 知られていません
朱牧師の他にも 神社参拝を拒否したために 二千人が投獄され 五十人が殉教したと 言われています
神社参拝を拒んで 八月十五日の終戦を迎え 生きて出獄された 二十人の牧師と信徒を 出獄聖徒と 呼んでいます
八〇年代の後半には 三名がご存命で 一人はアメリカ在住でした
一九八八年 私は
出獄聖徒のお一人
孫明復《そんみょんぼく》牧師に
会いに行きました
昔の結城先生
大日本帝国 統治下の 神社参拝のことで お話を伺いたく…
あなたは 日帝時代の神社問題で 私を訪ねてきた 最初の日本人牧師です
なぜ 私なのか
なぜ それ以前に
訪ねてきた者が
一人も
いなかったのだろう…
孫牧師ご自身のこと
他の出獄聖徒のこと
そのご家族や親族からも
詳しく伺う必要を覚え
訪韓はその後
二十八回に及んだ

当時　韓国馬山市で
ご存命だったもう一人の出獄聖徒
趙《ちょう》 寿《す》玉《おく》勧士にもお会いした
当時の闘いを
日本に来て証言していただきたい
とお願いすると
躊躇《ちゅうちょ》しながら断られた
しかし
祈り続ける中で
日本に行って
証《あか》しするよう
示されたそうで
数か月後
孫牧師と趙勧士を
日本にお招きすることができた
お二人はその後もたびたび来日し
証言するとともに
日本のために祈り
とりなしてくださった
神社参拝しなかった
何十人もの韓国人が
日本の統治下で
殉教していたなんて
知らなかった…
日韓の歴史を知らなすぎていちいちおどろく
← 私
しかも日本軍だけじゃなく
日本のキリスト教会の代表
みたいな人が
神社は宗教ではなく
国民儀礼
って説得に
行ってたなんて…
そもそも
日本の多くの
キリスト教会で
神社参拝していたから
韓国の教会にも
そうさせようって
ことだったんだろうな…
↑知らなかった
↑知らなかった〜
でも　私が
当時の世界に
生きてたとしても
殉教とか　無理…
国民儀礼なら〜って
参拝しそうです…
当時に生きていたら
たいていの人はそうです
ペテロだって
三度主を否んだし
弟子たちも
散り散りになった
でも大切なのは
その後です
自分の罪を認めて
潔く告白し　悔い改めること
日本の教会として
戦時中に行ってきたことの
認罪と告白が
どれほどあっただろうかと
思うのです
自分の罪を認めて告白…って
大変…ですよね　まして…
みんなそうせざるを得ない
ような状況なら…
でも　告白と
悔い改めこそ
キリスト教の要ですよね…
まだまだ
信じてたって
悩んじゃうことだらけです…

神様、これってどうなんですか？

天皇陛下はお父様？

結城晋次先生の取材の合間に
奥様のいづみさんともお話ししました

戦時中はクリスチャンも牧師でも神社参拝をやっていた人が大勢いました
「神社は宗教じゃない」とか
「天皇を中心とした大東亜共栄圏」とか…今の感覚ならクリスチャンとして無理って思うんですが
強制されててしかたなかったのでしょうか～
当時はね…
全戸に天皇と皇后の写真が額に入って飾られていて
ものすごく親しい気持ちが皆様の中にあるわけ
お父様お母様なの
うーむ
とてもじゃないけど天皇が自分で自分を神にしたとは思ってないの
お父様お母様のおかげでっていう気持ちでね
当時の教会の牧師さんたちもそういう中でお育ちの方々だから
天皇を親しく思う気持ちが染みついているものなの
だから
戦中
天皇陛下のため
戦後
君たちにはわからない
とおっしゃるのね

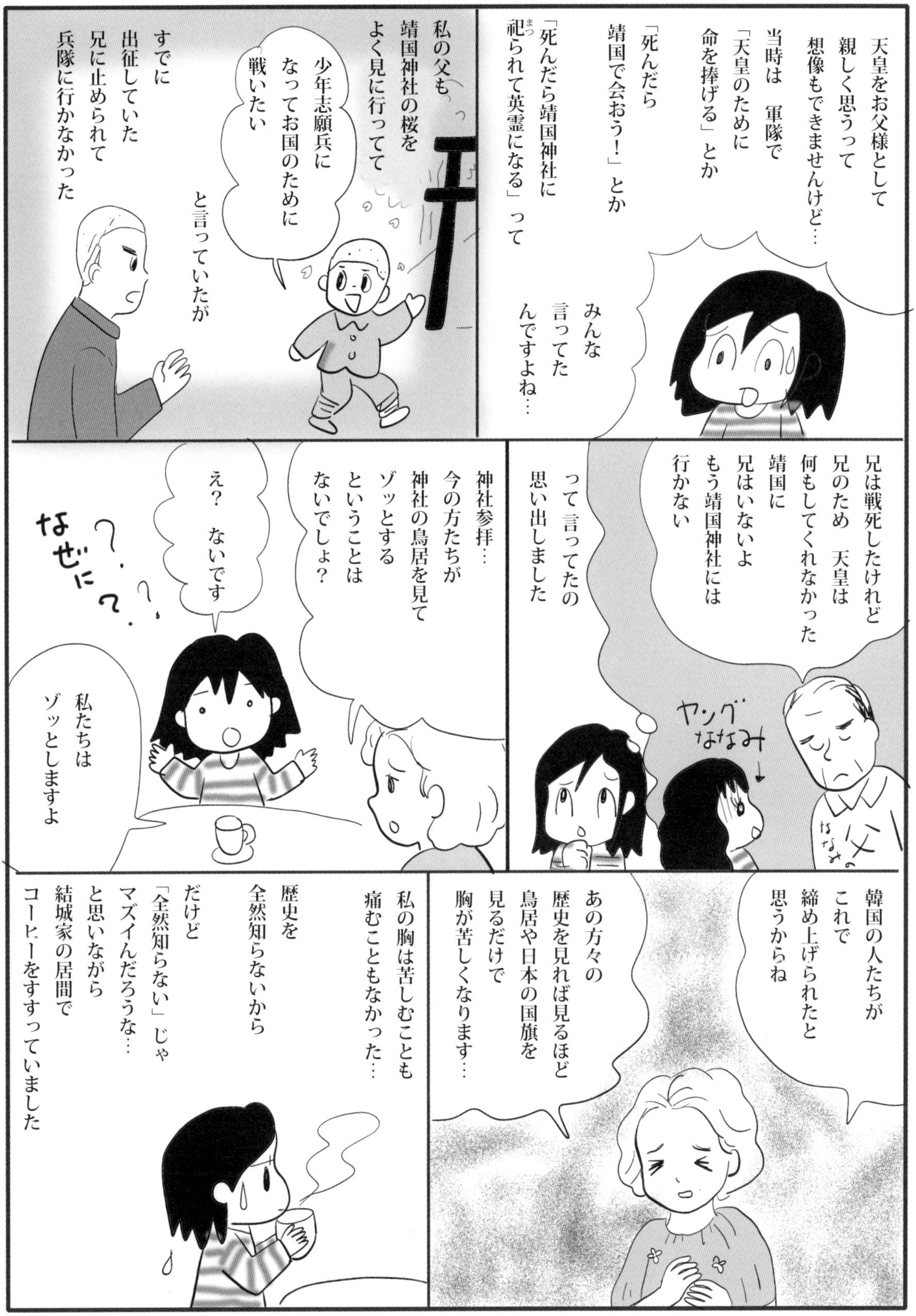
天皇をお父様として
親しく思うって
想像もできませんけど…
当時は　軍隊で
「天皇のために
命を捧げる」とか
「死んだら
靖国で会おう！」とか
「死んだら靖国神社に
祀《まつ》られて英霊になる」って
みんな
言ってた
んですよね…
私の父も
靖国神社の桜を
よく見に行ってて
少年志願兵に
なってお国のために
戦いたい
と言っていたが
すでに
出征していた
兄に止められて
兵隊に行かなかった
兄は戦死したけれど
兄のため　天皇は
何もしてくれなかった
靖国に
兄はいないよ
もう靖国神社には
行かない
って言ってたの
思い出しました
ヤングななみ
ななみの父
神社参拝…
今の方たちが
神社の鳥居を見て
ゾッとする
ということは
ないでしょ？
え？　ないです
なぜに？？
私たちは
ゾッとしますよ
韓国の人たちが
これで
締め上げられたと
思うからね
あの方々の
歴史を見れば見るほど
鳥居や日本の国旗を
見るだけで
胸が苦しくなります…
私の胸は苦しむことも
痛むこともなかった…
歴史を
全然知らないから
だけど
「全然知らない」じゃ
マズイんだろうな…
と思いながら
結城家の居間で
コーヒーをすすっていました

あとがき

この本は雑誌『百万人の福音　BIBLE &LIFE』に二〇二三年から二〇二四年まで連載されたものをまとめ、加筆、修正したものです。

どのテーマも、私自身はよく知らないことだったり、聖書にはこう書いてある！　という単純な答えは、ないかもしれないことだったり。だけれども大切なテーマについて、取材を通じて、記事を描く中で、たくさんのことを教えられました。

語ってくださったお一人お一人にこの場を借りて改めてお礼を申し上げます。

連載中の二〇二三年十月にハマスの襲撃によって始まったイスラエルとハマスの戦争はパレスチナにも多くの犠牲者を出し、二〇二五年三月現在、まだ多くの人質が帰れないまま、停戦がいつまで続くかを世界が見守っています。

神様が「平和のために祈れ」とおっしゃったのは、そもそもこの世界には平和がないからなんでしょうか。祈っても、戦争はなぜすぐに終わらないのでしょうか。

物事を自分が知っている範囲で決めつけ、簡単な答えを求めてしまい、その答えが得られないと、すぐに諦めてしまう私です。

けれども、祈りながら、悩みながら、ぶつかりながら、たまに間違った思い込みや過ちに気づいた時、立ち止まり、改めながら進む道に、神様は一緒にいてくださると信じています。

クリスチャンになっても、聖書を読んでいても、祈っていても、わからないことはずっと、おそらく死ぬまで続いていきます。

なんの学者でも専門家でもない、ただの絵描きが「神様、これってどうなんですか？」と叫びながら、ぐるぐる迷う迷路。その道のりに最後までつきあってくださった読者のみなさん、本当にありがとうございました。

みなさまの上に神様の祝福を祈りつつ。

二〇二五年三月

みなみななみ

【プロフィール】

みなみななみ

作家、漫画家、イラストレーター。
著書に『ヘブンズドロップス』『ぼくのみたもの第五福竜丸のおはなし』（以上、いのちのことば社）、『クラスメイトは外国人』（明石書店）などがある。

結城絵美子（ゆうき・えみこ）

ライター、翻訳者、編集者。
1965年、東京都福生市生まれ。
訳書に『君への誓い』『大切なものはわずかです』『神の小屋』、著書に『倒れても滅びず』（いずれもいのちのことば社）などがある。

信じてたって悩んじゃう

神様、これってどうなんですか？

2025年5月1日発行

著　者　みなみ ななみ

装　丁　Yoshida grafica　吉田ようこ

発　行　いのちのことば社
〒164-0001 東京都中野区中野2-1-5
電話 03-5341-6924（編集）
03-5341-6920（営業）
FAX 03-5341-6921
e-mail:support@wlpm.or.jp
http://www.wlpm.or.jp/

ISBN978-4-264-04583-0